Armin Kriechbaumer

Yorkshire-Terrier

Für alle, die viel über diese bezaubernde Rasse wissen wollen

Experten-Rat für die artgerechte Haltung
Tipps zum Kauf, Erziehung, Pflege
Gesunderhaltung, Zucht und Ausstellung
auch für Anfänger in der Yorkiehaltung

Mit Farbfotos von Monika Wegler
und Leser der Zeitschrift Yorkshire-Terrier-Journal
Zeichnungen von György Jankovics

Thema Yorkshire-Zucht unter Mitwirkung von Jürgen Grünn

YTJ Edition
YORKSHIRE-TERRIER-JOURNAL

Die Farbfotos auf dem Buchumschlag zeigen:
Umschlagvorderseite: Yorkshire-Terrier-Hündin Bloomsbury Miracle of Love.
Umschlagseite 2: Eine etwa 16 Monate alte Hündin.
Umschlagrückseite: Yorkshire-Terrier-Hündin, 3 Jahre alt, mit Welpen (5 Monate).

Fotos:
Monika Wegler, Tierfotografin: Umschlagseite 1, Innenseiten 13, 40 und 72.
Sally Anne Thompson, Tierfotografin: Umschlagseite 2, Innenseiten 21, 33, 47 unten und 60.
Jörg Zimmermann: 75.
Fotos von Yorkie-Liebhabern, die an das Yorkshire-Terrier-Journal geschickt wurden: Umschlagseite 4, Innenseiten 7, 19, 26, 39, 45, 47 oben, 53, 66, 67, 69.

Dieses Buch wurde mit Genehmigung und unter Verwendung der Original-Ausgabe des im Verlag Gräfe und Unzer erschienen Buches »Yorkshire-Terrier« erstellt.
Zusätzliche Aktualisierung und Erweiterung durch den Autor:

D-78048 Villingen-Schwenningen
Telefon 07721/506434, Fax 07721/506500
info@yorkshire-terrier-journal.de

Satz, Layout und Druckvorlagen:
Verlag des Yorkshire-Terrier-Journals.
Druck und Bindung:
Revellio Druck + Medien GmbH, VS-Villingen.

ISBN 3-00-019565-3
ISBN 978-3-00-019565-5

Armin Kriechbaumer
Rasse-Spezialrichter und erfolgreicher Yorkshire-Terrier-Züchter.
Er veröffentlichte bereits zahlreiche Beiträge in der »Kleinhundewelt« und der Yorkie-Fachzeitschrift »Yorkshire-Terrier-Journal«, die seit über 25 Jahren erscheint und deren Herausgeber er ist.
Armin Kriechbaumer ist Autor der im Gräfe und Unzer Verlag erschienenen Tier-Ratgeber »Yorkshire-Terrier« und »Kleinhunde«, die in mehreren Auflagen erschienen sind und in viele Sprachen übersetzt wurden.

Wichtig: Damit die Freude am Yorkshire-Terrier als Heimtier ungetrübt bleibt, beachten Sie bitte die »Wichtigen Hinweise« auf Seite 80.

Inhalt

Ein Wort zuvor

Wer Yorkshire-Terrier nicht kennt, kann sich kaum vorstellen, welche gegensätzlichen Eigenschaften in diesen kleinen Persönlichkeiten stecken. Da ist auf der einen Seite die unbändige Neugierde und Unternehmungslust, auf der anderen die selbstbewusste, fast aristokratische Haltung – als wollten sie sich so immer wieder Respekt verschaffen – und nicht zuletzt, ein ausgesprochen fester Wille.
Damit dieser nicht in Dickköpfigkeit umschlägt, bedarf es jedoch einer liebevollen und konsequenten Erziehung. Zu leicht vergessen Hundeliebhaber, dass auch ein kleiner Hund erzogen und genauso artgerecht gehalten sein will wie seine größeren Artgenossen – auch wenn ein Yorkshire-Terrier wenig Platz braucht und ideal in der Stadtwohnung zu halten ist. Fühlt ein Yorkie sich wohl, belohnt er seine Besitzer mit einer dankbaren Anhänglichkeit.
Was man bei der Haltung von Yorkshire-Terriern beachten sollte, ist in diesem Ratgeber umfassend erklärt. Auf vielfältige Weise befasse ich mich seit über 30 Jahren mit dieser weltweit überaus beliebten Kleinhunde-Rasse. Als engagiertes Mitglied eines Yorkshire-Vereins, als Rasserichter und Herausgeber der Spezialzeitschrift »Yorkshire-Terrier-Journal« sind mir alle Fragen vertraut, die auftauchen können.
Eingangs wird die Geschichte der Rasse von seinem Ursprung an beschrieben. Dadurch wird erkennbar, dass der Yorkshire-Terrier – richtig gezüchtet – kein von Menschen künstlich verzwergter Hund ist.
Es wird erklärt, was bei der Anschaffung zu bedenken ist. Im Kapitel »Erziehung und Alltag mit dem Yorkie« finden sich viele leicht nachvollziehbare Anleitungen für ein harmonisches Zusammenleben mit dem Hund.
Das leidige Thema »Stubenreinheit«, oft der erste Prüfstein der neuen Freundschaft, ist ausführlich behandelt. Auch werden die vielfältigen Verhaltensweisen, die der Yorkie mit seinen größeren Artgenossen gemein hat, in einem weiteren Kapitel erläutert.
Warum für das Wohlbefinden der Yorkies eine ausgewogene und richtige Ernährung besonders wichtig ist, wird in anschaulicher Weise beschrieben. Auch die Haarpflege, eine für die Schönheit dieses Langhaarhundes unerlässliche Aufgabe für die Besitzer, wird Schritt für Schritt erklärt.
Im Kapitel »Gesunderhaltung und Krankheiten« geht es um die häufiger vorkommenden Krankheiten und darum, was der Hundebesitzer in Krankheitsfällen tun kann.
Das Sonderkapitel »Grundlagen der Yorkshire-Terrier-Zucht« wendet sich an jene Hunde-Liebhaber, die sich ernsthaft und nach den nötigen Vorüberlegungen zu einer Zucht entschließen. Wer sich auf das interessante Hobby »Hundeausstellung« einlassen möchte, findet in diesem Yorkie-Ratgeber alle wichtigen Informationen zu diesem Thema.

Dieser Ratgeber bietet dem Neuling in Sachen Yorkshire-Haltung eine umfassende Anleitung, und der Fortgeschrittene findet nützliche Tipps und neue Anregungen.

Autor und Verlag danken allen, die an diesem Buch mitarbeiteten, den Fotografen – unter ihnen Liebhaber, die ihre Fotos an das »Yorkshire-Terrier-Journal« geschickt haben. Außerdem gebührt Dank der Tierärztin Dr. Gabriele Wiesner für die Durchsicht und Dr. Alexander Hüttig für den fachlichen Rat bei der Erstellung des Kapitels »Gesunderhaltung und Krankheiten« sowie Rechtsanwalt Reinhard Hahn für die Beratung in allen die Hundehaltung betreffenden Rechtsfragen.

Wissenswertes über den Yorkshire-Terrier

Was den Yorkie so liebenswert macht

Zweifellos ist der Yorkshire-Terrier einer der attraktivsten Kleinhunde. Er weist sämtliche Eigenschaften auf, die einen anpassungsfähigen und doch stolzen Hund auszeichnen.

Zäh, mutig und wachsam. Diese Wesensmerkmale werden sonst nur Gebrauchs- und Jagdhunden wie zum Beispiel dem Schäferhund und größeren Terrierrassen zugeschrieben. Dass sie gerade den Yorkshire-Terrier auszeichnen, ist wenig bekannt.

Bei Wanderungen stellt der kleine Hund seine Ausdauer immer wieder unter Beweis. Zwanzig Kilometer am Stück sind für einen trainierten Yorkie kein Problem.

Ein idealer Familien- und Wohnungshund.
Ein Yorkshire-Terrier wiegt im Durchschnitt 2 bis 3 kg. Solch ein leichter und kleiner Hund lässt sich auch in einer Stadtwohnung unterbringen. Man kann ihn auch kurze Zeit allein lassen, wenn er richtig erzogen wurde. Seine fröhliche Art spricht Erwachsene und Kinder gleichermaßen an.

Sein eigenständiges Wesen macht ihn zum selbstbewussten Familienmitglied, nicht zum Einzelgänger, wie ihm manchmal nachgesagt wird. Lediglich eine gewisse Art von Vorsicht, vor allem nach negativen Erfahrungen, zeichnet den Yorkie aus – allerdings ist das auch sein gutes Recht!

Meist sprechen sein niedliches Aussehen und das – notwendige und einen praktischen Zweck erfüllende – Schleifchen im Haar (→ Seite 42) vor allem weibliche Hundeliebhaberinnen an. Ich habe die Erfahrung gemacht, dass Yorkshire-Terrier oft gegen den Willen des Hausherrn gekauft wurden, der von einem Hund »anständiger Größe« schwärmte. Bald jedoch hatte dieser Hund seinen Kritiker überzeugt und gezeigt, dass er den großen Hunden in nichts nachsteht. Der Hausherr war nun genauso stolz auf das neue Familienmitglied.

Kein Haarwechsel. Im Gegensatz zu anderen Hunderassen findet ein Haarwechsel im Frühjahr und im Herbst beim Yorkshire-Terrier nicht statt. Die wenigen Haare, die er verliert, werden bei der täglichen Fellpflege von der Bürste aufgefangen. Teppich und Sofa bleiben so von Hundehaaren verschont – eine Freude für jede Hausfrau.

Bei diesem Yorkshire-Terrier wurden Kopf- und Körperhaare in eine kürzere, pflegeleichtere Form gebracht. Mit etwas Geschick kann man das auch selber machen – oder man zeigt diese Abbildung einem Hundefriseur.

Der Yorkie ist kein Schoßhund

Gleichgültig, welche Rasse und Größe – ein Hund wird zum Schoßhund erzogen, er ist es von Natur aus nie! Wie, glauben Sie, würde sich ein Berner Sennenhund entwickeln, den man bei jeder Gelegenheit auf den Schoß nehmen würde? Nicht anders als ein kleiner Hund: er würde Unarten zeigen und darunter leiden, seinen natürlichen Bewegungsdrang nicht ausleben zu können. Es liegt also an Ihnen, Ihren Hund artgerecht zu halten und zu erziehen.

Richtig gezüchtet – ein Hund ohne Degenerationserscheinungen

Der Yorkshire-Terrier ist ein kleiner Hund, jedoch kein degenerierter Winzling. Bei allen Bemühungen der Vergangenheit, ihn auf eine bestimmte Größe hin zu züchten, wurde von verantwortungsvollen Züchtern auf die Gesundheit der Tiere geachtet. Es gibt klare Richtlinien für die Yorkshire-Zucht, die das verlangen. Ein Yorkshire-Terrier aus einer guten Zucht kann normalerweise ein Lebensalter von zwölf bis fünfzehn Jahren erreichen.

Leider hat die Popularität dieser Hunderasse dafür gesorgt, dass der Yorkshire-Terrier ein lukratives Objekt der Vermarktung geworden ist. Um die gesteigerte Nachfrage nach besonders kleinen Hunden zu befriedigen, haben verantwortungslose Züchter in der Vergangenheit – leider passiert das auch heute noch – immer kleinere Tiere zur Zucht verwendet. Mit dem Ergebnis, dass die Geburten komplizierter wurden und die daraus resultierenden Winzlinge keine hohe Lebenserwartung hatten. Diese glotzäugigen, rundgesichtigen »Püppchen« waren hysterisch bis aggressiv. Und es wird weiter herumexperimentiert.

Die Entstehung der Rasse

Der Ursprung des Yorkshire-Terriers liegt in England, wo 1886 die erste Eintragung der Rasse in das Kennelclub-Zuchtbuch erfolgte. Der Kennel Club ist der Dachverband englischer Rassehundevereine, entspricht also dem deutschen VDH (Verband für das Deutsche Hundewesen oder ähnlicher Organisationen).

Die Entwicklung des Yorkshire-Terriers nahm jedoch schon weit vor diesem offiziellen Eintrag ihren Lauf:
In fast ganz England war es den Leibeigenen lange Zeit verboten zu jagen. Die Gesetze hierzu reichen zurück bis ins 11. Jahrhundert. Um dem Übertreten dieses Verbotes vorzubeugen, durften sie nur sehr kleine Hunde halten, die sich der landläufigen Meinung nach nicht für die Jagd eigneten. Die Forstmeister der Könige überwachten dies sehr streng, indem sie die Hunde, die ihnen unterwegs begegneten, einem Größentest unterzogen: Sie mussten durch einen Reifen von 7 Inch (etwa 18 cm) Durchmesser passen, dann waren sie klein genug und durften behalten werden. In erster Linie wurden die Hunde der Leibeigenen als Ratten- und Mäusefänger eingesetzt.
Nebenbei trugen sie wesentlich zur Verbesserung der Ernährungslage ihrer armen Besitzer bei, indem sie hin und wieder – trotz Verbot – ein Kaninchen oder Kleinwild erbeuteten. So kam es, dass im Laufe der Zeit kleine, robuste Terrier gezüchtet wurden, die diesen strengen Gesetzen nicht widersprachen und für ihre Besitzer dennoch als nützliche Jagdhunde einzusetzen waren.

Die »Ahnen« des Yorkshire-Terriers

Die Geschichte des Yorkshire-Terriers ist nur lückenhaft überliefert. Ziemlich sicher waren aber folgende bereits ausgestorbene Hunde maßgeblich an der Entwicklung der Rasse beteiligt – alle hatten sich durch ein stahlblaues, seidenartiges Körperhaar ausgezeichnet:

Der Waterside-Terrier ist dabei als erster zu nennen. Er war Ende des 18. Jahrhunderts hauptsächlich in der Grafschaft Yorkshire zuhause. Den Namen »waterside«, deutsch Flußufer, Küste, verdankte er seiner Eigenschaft, an Flüssen, Stauseen und Kanälen entlangzuziehen, um sich von Ratten und den Abfällen der Kanalfähren zu ernähren. Dieser kurzbei-

nige, kleine Terrier lieferte die grundlegenden genetischen Voraussetzungen für den heutigen Yorkshire-Terrier: ein etwas längeres Fell von blauscheinender Farbe mit tanfarbenen Abzeichen am Kopf und an den Pfoten.
Die Bezeichnung »Tan« ist ein englischer Ausdruck und bedeutet »gelb- bis rostbraun«. Beim Yorkie meint man damit aber einen schattierten, gold-ähnlichen Farbton.

Die Clydesdale- und Paisley-Terrier gehörten zu den sogenannten »Schotten-Terriern«. Unter diesem Sammelbegriff wurden diejenigen Hunde zusammengefasst, deren Besitzer in der Frühzeit der industriellen Revolution (etwa ab 1785) aus dem schottischen Hochland nach Yorkshire übergesiedelt waren, wo sie Arbeit als Weber fanden. Die unterschiedlichen Terrier-Züchtungen erhielten die Namen der Städte, in denen ihre Züchter von nun an lebten, wie zum Beispiel Clydesdale, Paisley oder Manchester. Gemeinsam hatten sie lediglich den unerschrockenen Terrier-Charakter und längeres Haar.
Zu Beginn des 19. Jahrhunderts begann man dann, die Hunde zu katalogisieren und gezielt zu züchten. Für viele Arbeiter war das Züchten keinesfalls ein Hobby. Man betrieb die Hundezucht als kleinen Nebenerwerb. Deshalb wurden die verschiedensten Kreuzungsversuche wie eine geheime Rezeptur unter Verschluss gehalten.

Huddersfield Ben, 1865 geboren, gilt als Stammvater aller Yorkshire-Terrier.

Huddersfield Ben zum Beispiel war das Ergebnis einer genau geplanten Zucht. Er gilt als der Stammvater aller Yorkshire-Terrier. Er wurde 1865 geboren, kam aber leider schon sechs Jahre später durch einen Unfall ums Leben. Dazwischen gewann er jedoch über 70 Preise auf Ausstellungen und war erfolgreich in den damaligen Ratten-Tötungswettbewerben. Er war größer und schwerer als es der heutige Rassestandard für den Yorkshire-Terrier vorschreibt.

Der Yorkshire-Terrier in Deutschland

Wie die Rasse nach Deutschland kam und sich dort entwickelte, ist genau so lückenhaft beschrieben wie die Geschichte im Herkunftsland England. Doch gibt es Bücher in deutscher Sprache, die bereits um die Jahrhundertwende erschienen sind und im Wesentlichen den heutigen Typ des Yorkshire-Terriers beschreiben. In diesen Büchern wird er oft als »Halifax-Terrier« aufgeführt, da er sich besonders in der Gegend um die englische Stadt Halifax züchterisch entwickelte. Auch führen Zuchtbücher aus den zwanziger und dreißiger Jahren die Rasse auf. Richtig bekannt und auf den Straßen immer öfter zu sehen war der Yorkshire-Terrier aber erst in den frühen sechziger Jahren. Und heute zählt er zu den beliebtesten Kleinhunden.

Der Rassestandard

Die Zucht einer anerkannten Hunderasse verlangt nach einheitlichen Regelungen, die im sogenannten Standard festgehalten sind. Der Standard beschreibt detailliert alle äußerlichen und charakterlichen Merkmale einer Rasse und sollte das »Grundgesetz« für jeden Züchter sein. Aber auch die Hundevereine, Zuchtberater und Ausstellungsrichter haben sich an diesen international gültigen Maßstab zu halten. Natürlich können Yorkshire-Terrier, die von diesem international gültigen Maßstab abweichen genau so gesund und charakterlich einwandfrei sein. Wenn Sie jedoch Zucht- und Ausstellungsambitionen haben, sollten Sie einen Hund kaufen, der diesem Idealtyp möglichst nahe kommt.

Wir haben im folgenden Abschnitt die wichtigsten Punkte des Standards aufgegriffen.

Die Richtlinien des Standards

Allgemeine Erscheinung: Ein lebhafter, intelligenter Zwergterrier, mutig und mit ausgeglichenem Wesen. Langes, gerades Haar, ein Scheitel reicht von der Nase bis zum Rutenende. Die Körperhaltung ist aufrecht und soll Wichtigkeit vermitteln. Die Körperkonturen sollten den Eindruck eines kräftigen und gut proportionierten Körpers erwecken.

Gewicht: Bis zu 3,1 kg. Ideal ist ein Gewicht von 2200 bis 3000 Gramm. (Ein Yorkshire-Terrier, der zur Zucht verwendet wird, sollte aber nicht unter 2300 Gramm wiegen.)

Größe: Die Größe wird im Standard nicht genannt, jedoch entspricht eine Schulterhöhe von 20 bis 24 cm dem Idealgewicht.

Kopf: Ziemlich klein und flach und nicht zu rund. Die Stirn (= Stop) darf nicht zu stark ausgeprägt sein. Der Kopf darf nicht apfelförmig wirken. Die Augen sollen mittelgroß, dunkel und von einem wachsamen, intelligenten Ausdruck sein. Sie dürfen nicht hervorstehen. Die Zahnreihe zeigt sich geschlossen als Scherengebiss, ein Zangenbiss wird jedoch toleriert.

Die Ohren sind v-förmig und relativ klein, sollten in der Größe also zum Hund passen. Kipp- und Hängeohren sind nicht erlaubt.

Körperbau: Kompakt; kurze, jedoch nicht quadratische Form. Eine gerade Rückenlinie ist wichtig sowie eine gute Winkelung der Hinterhand, die für Schubkraft in der Bewegung sorgt.

Die Rute darf in vielen Ländern nicht mehr kupiert werden – so zum Beispiel auch in Deutschland. Sie ist reichlich behaart, wird etwas höher als in Rückenlage getragen.

Das Haarkleid: Das Haar des Yorkies ist das wichtigste Rassemerkmal. Am Körper soll es mittellang sein. Ist der Hund älter, wird bei Zuchtschauen Bodenlänge gewünscht. Es soll wie Seide strukturiert sein: schwer, glatt und glänzend, also nie wellig.

Neben der Struktur des Haares ist die Farbabgrenzung sehr wichtig: Vom Hinterkopf bis zum Rutenende soll das Haar stahlblau sein. Das korrekte Stahlblau glänzt in der Sonne bläulich und darf nicht mit sektfarbenem oder schwarzem Haar sowie einzelnen weißen Haaren, die oftmals sehr hart sind, vermischt sein. Erlaubt ist helleres bis dunkleres Stahlblau, jedoch nicht silberfarben.

Das Haar am Kopf leuchtet in einem satten Tan (Gelbgold – nie Rotgold oder Braun!). Das tanfarbene Haar soll an der Wurzel dunkler sein als an der Haarspitze. Der Schopf am Kopf ist lang und ebenfalls von sattem Tan. Etwas dunkler ist das Tan an den Ohransätzen und am Fang (Schnauze). Auf keinen Fall darf sich das Tan am Kopf über den Nacken hinaus ausdehnen, auch darf sich kein dunkles, rußiges Haar mit dem Tan vermischen. Das schattierte Tan sollte sich auch nie höher als bis zum Ellbogen oder Kniegelenk ausdehnen.

Nach dem Standard ist wolliges Haar ein gravierender Fehler. Dieses Haar wirkt meistens stumpf, sehr oft bräunlich oder total schwarz. Wolliges Haar ist auch durch unverhältnismäßige Üppigkeit zu erkennen und sehr schwer zu pflegen – ebenso wie zu hartes Haar, das leicht bricht und dadurch nicht richtig wächst.

Überlegungen vor der Anschaffung

Voraussetzungen für die Haltung

Bevor Sie diesen liebenswerten und lebhaften kleinen Hund bei sich aufnehmen, sollten Sie sich darüber im klaren sein, dass Sie damit eine große Verantwortung übernehmen. Der Yorkshire-Terrier unterliegt während seines zehn bis fünfzehn Jahre dauernden Lebens voll und ganz Ihrer Fürsorge.

Damit das Tier sich bei Ihnen wohlfühlt, sind artgerechte Haltung und Pflege Grundvoraussetzungen.

<u>Kein Spielzeug für Kinder:</u> Die meisten Kinder wünschen sich einen Hund als Spielkameraden. Bevor Sie den meist drängenden Bitten nachgeben, sollten Sie sich fragen, ob Ihr Kind verständig genug ist, verantwortungsvoll mit dem Tier umzugehen, und eventuell auch schon einen Teil der Versorgung übernehmen kann.

Gerade ein so kleiner Hund wie der Yorkie kann leicht vom Spielgefährten zum Spielzeug degradiert werden, weil sich das Kind schon rein körperlich dem Tier gegenüber überlegen fühlt. Zudem können ungeschickte Kinderfinger dieser kleinen Rasse ziemliche Schmerzen zufügen. Und das Fallenlassen, auch aus geringen Höhen, kann den Tod für das Tier oder zumindest gebrochene Gliedmaßen bedeuten.

<u>Wir raten Ihnen,</u> einem Kind erst im Alter von etwa zehn Jahren einen Yorkshire-Terrier anzuvertrauen. Suchen Sie sich dann einen etwas größeren und robusteren aus – eventuell eine andere Rasse; er erträgt eventuelle Ungeschicklichkeiten besser.

Ferner müssen Sie damit rechnen, dass ein Kind während der Pubertät andere Interessen pflegt und die arbeitsintensiven Seiten der Hundehaltung wie Spazierengehen und Haarpflege dann Ihnen zufallen.

<u>Kein Weihnachtsgeschenk:</u> Viele Züchter geben zur Weihnachtszeit ungern Hunde ab, denn ein Hund sollte grundsätzlich kein Geschenk sein. Am besten wird ein Hundekauf von der ganzen Familie vorbereitet, zumal sich jedes Familienmitglied für den Hund verantwortlich fühlen muss. Zwischen den Festtagen oder auch danach lässt sich dieses Thema viel besser und in aller Ruhe besprechen.

<u>Zeitaufwand:</u> Wer zum Beispiel Haarpflege als lästig empfindet, sollte sich keinen Langhaarhund anschaffen. Uns tut es oft leid, mit ansehen zu müssen, wie ein sonst wunderschöner Yorkshire-Terrier mit verknotetem und verfilztem Haar herumläuft. Bei einer richtigen Struktur des Haares nimmt die Pflege täglich etwa zehn Minuten in Anspruch. Der tägliche Auslauf, die Beschäftigung mit dem Hund und Tierarztbesuche kosten ebenfalls Zeit. Wenn Sie berufstätig sind, sollten Sie auf die Hundehaltung verzichten. Ein Hund sollte immer Gesellschaft haben und nicht über Stunden alleine gelassen werden. Zwar braucht er nicht ständig Ansprache und Beschäftigung, er möchte aber Ihre Nähe spüren.

<u>Unterbringung:</u> Aufgrund seiner Größe ist der Yorkshire-Terrier leicht in der Stadtwohnung zu halten. Er gibt sich mit wenig Platz zufrieden und hält sich gerne in Wohnräumen auf, sofern man ihm genügend Bewegung verschafft. Gut ist es, wenn Grünanlagen und Parks in der Nähe sind, und Sie mit Ihrem Yorkie Ausflüge in die Umgebung unternehmen.

<u>Kosten:</u> Sie sollten auch die Ausgaben bedenken, die durch einen Hund entstehen.

▹ Anschaffungspreis: Ein Yorkshire-Terrier aus einer guten Zucht ist nicht billig. Mit etwa 800,- bis 1000,- € (oder auch mehr) müssen Sie rechnen.

▷ Ausstattung, darunter die kostenintensiven Gegenstände für die Pflege. Da sich gute Pflegeprodukte für den Yorkie von denen anderer Hunderasse unterscheiden, sollte man diese möglichst nur in dafür spezialisierten Geschäften besorgen – meistens nur in Online-Shops (→ Seite 79).

▷ Futterkosten: Diese sind beim Yorkshire-Terrier relativ gering und hängen von der Art der Ernährung ab (→ Seite 46).

▷ Hundesteuer: Die Sätze der Hundesteuer sind regional verschieden; in Großstädten liegen sie meist deutlich höher als in ländlichen Gebieten. Aufgrund des hohen Verwaltungsaufwands wurde die Hundesteuer in einigen wenigen Gemeinden ganz abgeschafft.

▷ Versicherungen: Es ist empfehlenswert, eine Tier-Krankenversicherung abzuschließen. Allerdings bieten nicht alle Versicherungen den »Krankenschein für den Hund« an. Lassen Sie sich vor dem Versicherungsabschluss die Bedingungen zuschicken, damit Sie wissen, welche Kosten von der Versicherung übernommen werden.
Die Beiträge sind unterschiedlich hoch, genauso wie die für eine Hunde-Haftpflichtversicherung (→ Seite 12).

▷ Weitere Kosten: Regelmäßig fallen Kosten für den Tierarzt an, zum Beispiel Entwurmung und der regelmäßige Gesundheits-Check. Hinzu kommt gegebenenfalls noch der Beitrag für die Mitgliedschaft in einem Yorkshire-Terrier-Verein.

Rechtsfragen der Hundehaltung

Als Hundehalter müssen Sie einige behördliche und gesetzliche Regelungen beachten.

Mietrecht: Sind Sie Mieter einer Wohnung oder eines Hauses, brauchen Sie in den meisten Fällen das schriftliche Einverständnis Ihres Vermieters. Der Vermieter darf diese Genehmigung zur Hundehaltung nur in Ausnahmefällen (nachgewiesene erhebliche Belästigung der übrigen Hausbewohner durch den Hund) rückgängig machen.

Tierschutz: Im Tierschutzgesetz sind einige wichtige – eigentlich selbstverständliche – Pflichten eines Hundehalters festgelegt. Gefordert wird unter anderem, dass Ihr Yorkshire-Terrier

▷ verhaltensgerecht untergebracht wird,

▷ angemessene, artgemäße Nahrung und Pflege erhält,

▷ ausreichende Bewegung bekommt,

▷ nicht ausgesetzt wird.

Die Missachtung der Tierschutzgesetze kann Geldbußen, aber auch Freiheitsstrafen nach sich ziehen.

Haarstrukturen: Der rechte Yorkshire-Terrier hat ein dem Standard entsprechendes Fell, das Haar des linken ist wollig und dadurch zu üppig – es ist viel schwerer zu pflegen und auch der Gesichtsausdruck ist entsprechend »grimmig«.

Hundesteuer: Das Zahlen der Hundesteuer gehört ebenfalls zu den Pflichten eines Hundehalters. Sie müssen Ihren Hund – auch den Welpen – innerhalb von 14 Tagen nach der

Anschaffung bei Ihrer kommunalen Behörde anmelden. Mancherorts wird für jeden weiteren Hund eine erhöhte Steuer erhoben. Mit dem Steuerbescheid erhalten Sie eine Hundemarke, die das Tier außerhalb von Wohnung und Grundstück tragen muss. Sie können die Marke auch im Geldbeutel mit sich führen, sie ist nicht gerade ein Schmuckstück am zierlichen Hals des Yorkshire-Terriers.

Wird eine Hundesteuer erhoben, so gilt diese auch für einen kleinen Hund wie dem Yorkie. Sollten Sie von dem sogenannten »Meerschweinchen-Urteil« gehört haben, durch das ein Yorkie von der Steuer befreit wurde, da dieser in der Größe mit einem Meerschweinchen verglichen wurde – so müssen Sie dies schnell vergessen. Dieses Urteil gab es einmal und dann nicht wieder – nur in diversen Gazetten wird dies seit vielen Jahren immer wieder veröffentlicht.

Straßenreinhaltung: Beim Ausführen muss jeder Hundehalter darauf achten, dass sein Hund die Gehsteige nicht verunreinigt, andernfalls muss er mit hohen Geldbußen rechnen.

Die Hunde-Haftpflichtversicherung: Auch ein kleiner Hund kann großen Schaden anrichten. Sei es, dass er über die Straße rennt und einen Unfall verursacht oder bei Fremden kostbare Möbel anknabbert: Sie werden als Hundehalter dafür haftbar gemacht. Eine Hunde-Haftpflichtversicherung ist deshalb dringend anzuraten.

Hündin oder Rüde?

Viele meinen, Hündinnen seien verschmuster als Rüden und diese dafür lebhafter und mutiger. Wesensunterschiede können jedoch kaum festgestellt werden. Wie sich ein Yorkshire-Terrier entwickelt, hängt nicht alleine von den »sichtbaren« Charaktereigenschaften des Welpen ab, sondern auch davon, wie Sie ihn erziehen und mit ihm umgehen.

Die Hündin wird etwa alle sechs Monate läufig (→Seite 62) und kann in dieser Zeit empfangen. Sie muss während der sechs Tage des Eisprungs, in denen sie aufnahmefähig ist, gut beaufsichtigt werden, damit es nicht zu ungewolltem Nachwuchs kommt. Die Blutungen sind bei einem so kleinen Hund meistens nicht sehr stark, und die Hündin hält sich oft selbst so sauber, dass man von ihrem Zustand kaum etwas bemerkt. Wenn dies nicht so sein sollte, können Sie für diese Zeit ein Schutzhöschen kaufen.

Eine Verhütung ist durch Medikamente, Sterilisation oder Kastration möglich. Diese Maßnahmen sind jedoch störende Eingriffe in den natürlichen Lebensablauf des Tieres.

Die Sterilisation, das Abtrennen der Eileiter, ist zudem keine ungefährliche Operation und kann zu Dauerläufigkeit führen. Eine Kastration, also das Entfernen der Eierstöcke, ist jedenfalls schon eher zu befürworten, da nach diesem Eingriff kein Sexualzyklus mehr stattfinden kann.

Bei unserer kleinen Hunderasse ist es jedoch kein Problem, die Hündin bei Spaziergängen während der kritischen Zeiten rasch auf den Arm zu nehmen, wenn sich ein Rüde nähert.

Der Rüde ist immer zeugungsbereit und sollte daher ebenfalls beaufsichtigt werden, wenn in der Nachbarschaft eine Hündin läufig ist.
Viele Rüden entwickeln einen überraschenden Ideenreichtum, wenn es darum geht, zu der Angebeteten zu gelangen. Ein übermäßiger Geschlechtstrieb kann eventuell durch homöopathische Mittel gedämpft werden.
Ein Rüde muss zudem etwas sorgfältiger gepflegt werden. Da er beim Markieren das Bein hebt, verschmutzt er die seitlich herabhängenden langen Haare. Diese Stellen sollten nach dem Spaziergang mit einem feuchten Tuch gut gesäubert werden. Eventuell kann man die längeren Haare auch vorbeugend hochwickeln.

Welpe oder erwachsener Hund?

Der Welpe: Ich rate in der Regel zum Kauf eines jungen Hundes. Es ist eine schöne Aufgabe, einen Welpen zu erziehen. Man kann mit Spannung seine Entwicklungsstufen mitverfolgen. Der kleine Yorkie wächst in Ihre Familie hinein und wird von ihr geprägt, sodass eine enge Bindung entsteht.

Der erwachsene Hund: Falls Sie einen älteren, bereits erzogenen Hund suchen, fragen Sie bei den Züchtern nach. In Zwingern mit mehreren Hunden kommt es von Zeit zu Zeit zu einer Überalterung. Deshalb sind einige Züchter dazu übergegangen, ab und zu Zuchthunde bereits schon im Alter von vier bis sechs Jahren in Privathand abzugeben. Auch wenn diese Hunde artgerecht im Zwinger gehalten wurden, mussten sie doch die Zuwendung ihres Halters mit vielen anderen Artgenossen teilen.
Deshalb ist die Umstellung für einen solchen Hund etwas leichter.
Hin und wieder kann man auch einen Yorkie erwerben, dessen Besitzer aus Gründen wie Umzug oder Krankheit gezwungen sind, ihren Hund abzugeben. Obwohl solch ein Wechsel für jeden Hund eine große Umstellung bedeutet, hilft dem Yorkshire-Terrier sein eigenständiger Charakter ein wenig, sich an eine neue Familie zu gewöhnen.
Allerdings kann es vorkommen, dass ein Yorkshire-Terrier nach einem Besitzerwechsel seine bisherige Stubenreinheit und andere gute Manieren für kurze Zeit »vergisst«.

Ein zweiter Yorkshire-Terrier?

Ein Hund braucht nicht unbedingt die Gesellschaft eines Artgenossen. Er akzeptiert die Familie, in der er lebt, als sein Rudel und schließt sich den Menschen voll und ganz an. Trotzdem setzt er sich gerne mit anderen Hunden, auseinander, sei es im Spiel oder in kleinen Raufereien. Da sie so problemlos zu halten sind, bietet sich der Kauf von zwei Yorkshire-Terriern an, wenn Sie sich auf zusätzliche Kosten (zum Beispiel die erhöhte Hundesteuer für den zweiten Hund) und mehr Zeitaufwand einstellen. Halten Sie sich jedoch nur Rüden oder nur Hündinnen. Leben Rüde und Hündin zusammen, kommen Probleme auf Sie zu, die Sie sich ersparen könnten. Während der Hitze der Hündin kann der Trieb des Rüden nicht einfach abgestellt werden. Diese Zeit ist deshalb für ihn äußerst qualvoll und auch für die Hündin keinesfalls angenehm.

Der Kauf in zeitlichem Abstand verlangt bei der Eingewöhnung Geduld und Einfühlungsvermögen. Je kürzer er auseinanderliegt, desto kürzer gestaltet sich auch die »Trotzzeit« des ersten Hundes – bis er sich daran gewöhnt hat, dass der »Neue« ihm Ablenkung und Unterhaltung bietet und er selbst nicht vernachlässigt wird.

Der gleichzeitige Kauf, beispielsweise eines (gleichgeschlechtlichen) Geschwisterpaars aus demselben Wurf, ist einfacher. Es gibt dann meistens keine Eifersüchteleien, und die Hunde sind schon aneinander gewöhnt.

Der Yorkie und andere Heimtiere

Ein Welpe kommt mit allen Tieren gut aus. Ein älterer Hund muss – bei aller Gutmütigkeit – seinen Platz in der Rangordnung bereits vorhandener Haustiere finden.
Immer wieder ist man von der Harmonie innerhalb einer Hausgemeinschaft überrascht, wenn ein Yorkie und eine Katzen zusammen leben. Mit Perserkatzen hat man die besten Erfahrungen gemacht.
Seien Sie aber vorsichtig bei anderen Kleintieren wie z. B. Wellensittichen, Hamstern und Meerschweinchen. So mancher Hund folgt seinem Instinkt und betrachtet diese Tiere als eine für ihn selbstverständliche Beute.

Ratschläge zum Hundekauf

Wie bei kaum einer anderen Hunderasse muss man beim Yorkshire-Terrier abwägen, wo man ihn kauft. Die Popularität dieses Hundes hat in der Vergangenheit bis heute dazu geführt, dass verantwortungslose Händler und Züchter die Tiere ohne Rücksicht auf den Standard und damit der Gesundheit schamlos vermarkten.
Es ist für den Laien nicht einfach, die schwarzen Schafe unter den Züchtern zu erkennen. Wir geben Ihnen Ratschläge, wie Sie zu einem gesunden Yorkie kommen können.

Ohrformen: Der Rassestandard verlangt Stehohren (links), Kippohren sowie ein wuchtig wirkender Kopf (rechts) sind nicht erwünscht.

Wo Sie Ihren Yorkshire-Terrier kaufen können

Züchter: Am sichersten gehen Sie, wenn Sie sich an die Welpenvermittlungsstellen der rassebetreuenden Vereine (Adressen → Seite 80) wenden. Die Züchter, die Ihnen dort genannt werden, unterliegen der ständigen Kontrolle der Rassehundevereine und ihres jeweiligen Dachverbandes (in Deutschland des VDH). Die Welpen werden durch Tätowierung oder Chip und Registrierung bei der Zuchtbuchstelle erfasst. Sie haben den Vorteil, dass Sie Ihren Yorkie selbst aussuchen können und vom Züchter beraten werden. Die Tiere sind geimpft und entwurmt, Sie erhalten eine Ahnentafel, den Impfpass und einen Ernährungsplan für die erste Zeit.
Wenn Sie auf das Zeitungsinserat eines Züchters reagieren, fragen Sie schon bei der ersten Kontaktaufnahme nach

- ▹ dem Alter des Hundes,
- ▹ seinem Gesundheits- und Pflegezustand,
- ▹ ob bereits die Abnahme durch den Zuchtwart erfolgt ist,
- ▹ welche Papiere der Hund hat (→ Seite 18).

Zoofachhandlung: Es gibt Zoofachhandlungen, die Ihnen Adressen von FCI-Züchtern vermitteln (Züchter, die nach den strengen Zuchtrichtlinien zum Beispiel des VDH oder des Österreichischen Kynologenverbandes ÖKV züchten, dürfen ihre Hunde weder direkt noch indirekt an den Handel liefern.)

Wo Sie Ihren Yorkshire-Terrier nicht kaufen sollten

Zeitungsanzeigen, in denen eine große Auswahl an Rassehunden angeboten wird, stehen meist für dubiose Zuchtanstalten, die durch unkontrollierte Massenzucht der großen Nachfrage nachkommen wollen. Diese Hundefabriken produzieren ohne Rücksicht auf die körperliche Verfassung der Zuchthündinnen ständig neuen Nachwuchs. Der Käufer investiert viel Geld in ein Tier, das sich ganz anders als erwartet entwickeln könnte (evtl. auch niedrige Lebenserwartung); solche Tiere sind fast immer krank und seelisch labil.

Geschäfte, die Hunde in verschmutzten Boxen oder gar im Schaufenster zum Verkauf anbieten, sollten Sie meiden. Der Mitleidseffekt sorgt hier für manchen Spontankauf. Damit erlösen Sie zwar ein Tier von einem armseligen Leben, aber Sie sorgen dafür, dass ein nächstes leiden muss. Die Lücke, die Sie schaffen, wird schnell wieder aufgefüllt.

Fliegende Händler, die Welpen vom Auto heraus verkaufen, trifft man immer mehr an – meist in Nähe größerer Hundeausstellungen. Verschmutzte Boxen sind nicht selten. Der »günstige« Preis und ebenfalls Mitleid sorgen auch hier für einige unüberlegte Spontankäufe. Besser ist es, wenn Sie die Ausstellungsleitung oder den Tierschutz benachrichtigen.

Den Versandhandel lehnen wir auf das Entschiedenste ab. Die Hunde stammen fast immer aus obengenannten Massenzuchten. Auch wenn das Versandangebot von einem anerkannten Züchter kommen sollte, lehnen Sie im Interesse des Hundes ab. Der Versandschock macht ihn seelisch anfällig und außerdem handelt ein Züchter, der diese Verkaufsform unterstützt, nicht verantwortungsvoll.

Bei Angeboten über das Internet mit vielen Rassen sollte man ebenfalls Vorsicht walten lassen oder besser, gar nicht beachten. Woher diese Hunde kommen, liegt oft im Dunklen. Aus diesem Grund ist der Preis oftmals der Verramschung von Ware gleichzusetzen – ohne der wichtigen Beratung vor und nach dem Kauf. Zu verurteilen sind auch Versteigerungen, so z. B. auch bei eBay. Im Gegensatz dazu gibt es Internet-Seiten, in denen sich Züchter auf seriöse Weise vorstellen (zu finden z. B. unter www.yorkshire-terrier-journal.de).

Anbieter, die Yorkies ohne Ahnentafel oder Kaufvertrag verkaufen, sollte man meiden. Auch dann, wenn *Sie* es nicht für wichtig erachten. Es könnte später von Nachteil sein, zum Beispiel bei eventuellen Rechtsstreitigkeiten. Wird Ihr Hund bei einem Angriff eines bösartigen Hundes verletzt oder gar getötet, wird in den meisten Fällen bei Gericht und Versicherungsangelegenheiten aufgrund des Kaufvertrages und der Ahnentafel sein Wert durch einen anerkannten Sachverständigen festgestellt. Oder Sie entschließen sich später doch noch (auch wenn Sie es nicht vorhatten) zum Aufbau einer eigenen Zucht oder wollen Ihren Yorkie ausstellen.

Vorsicht bei dem Begriff »Mini«!
Diese Größenbezeichnung gibt es beim Yorkshire-Terrier nicht. Wenn Ihnen ein Tier mit solch einem Namen angeboten wird, müssen Sie misstrauisch werden. Viele Händler und Züchter benutzen diesen Begriff als verkaufsförderndes Schlagwort.

Der Hund stammt dann zumeist aus Zuchtanstalten, die auf immer kleineren Wuchs hinzüchten und dabei großen Schaden anrichten. Gleiches gilt bei anderen Rassebezeichnungen wie z. B. Teddy- oder Maxi-Yorkie. Dies alles sind Hunde, die durch züchterisches Versagen entstanden sind.

Das Alter des Hundes beim Kauf

Im Alter von neun bis zwölf Wochen erreicht der Welpe eine neue Lebensphase. Er beginnt sich stärker für seine Umgebung zu interessieren und braucht nicht mehr den ständigen Kontakt zur Mutter. Er ist alt genug für einen Besitzwechsel. Für den Züchter ist es vernünftiger, einen Welpen erst ab der elften oder zwölften Lebenswoche abzugeben, da man beobachten kann, wie er die Grundimmunisierung (→ Seite 17 und 51) verträgt. Außerdem kann man dann den Charakter der Kleinen schon abschätzen und Käufer besser beraten.

Für spätere Aussteller und Züchter ist es wichtig, zu wissen, wie der Yorkie sich farblich entwickelt. Yorkshire-Terrier kommen schwarz auf die Welt (mit tanfarbenen Abzeichen im Gesicht und an den Läufen) und verändern ihre Haarfarbe nach und nach – besser erkennbar wird dies erst ab diesem Alter.

Worauf beim Kauf zu achten ist

Als Neuling in Sachen Hund muss man sich auf die Aussagen des Züchters verlassen können. Es gibt zu vieles, was nur aufgrund langer Erfahrung richtig eingeschätzt werden kann. Wenn Sie unsicher sind, lassen Sie sich von einem Kenner der Rasse begleiten.

▹ Nehmen Sie sich Zeit für den Hundekauf und schauen Sie sich in Ruhe bei dem Züchter um. Bei einem guten Züchter leben die Hunde mit im Haus und verfügen über genügend Platz. Vergewissern Sie sich, dass die Tiere sauber gehalten und gut gepflegt werden – das ist Grundbedingung für deren Gesundheit.

Viele Züchter lassen die Käufer allerdings aus hygienischen Gründen die Zuchtstuben nicht betreten, darauf müssen Sie Rücksicht nehmen. Man muss bedenken, dass viele Bakterien, die den Hundebabys gefährlich werden könnten, von der Straße in die Hundestube gelangen könnten.

Zeichen für einen schlechten Pflegezustand sind ein stumpfes Fell, verschmutzte Ohren und verklebte Augen. Ein leichter Tränenfluss, bedingt durch hineinhängende Haare, ist jedoch normal.

▹ Ein aufgewecktes, neugieriges Verhalten zeichnet den gesunden Welpen aus. Wundern Sie sich aber nicht, wenn der Kleine Sie nicht gleich freudig anspringt. Manche Tiere brauchen eine längere Anlaufzeit und nähern sich Fremden nur zögernd. Die jüngsten Hunde zum Beispiel sind fremde Menschen oft nicht gewohnt. Viele Züchter nehmen sie zwar regelmäßig zur Pflege und zum Spielen in den Wohnbereich, lassen aber Fremde nicht in die »Kinderstube«. Nur ältere Kinder aus der Nachbarschaft, die gut mit Hunden umgehen können, dürfen mit ihnen spielen.

▹ Lassen Sie sich die Mutterhündin zeigen (der Vater ist oftmals nicht im Besitz des Züchters).

▹ Achten Sie auf ein seidiges Fell, klare, glänzende Augen, einen geraden Rücken und gerade Läufe, dies sind wichtige Gesundheitsmerkmale.

▹ Kontrollieren Sie die Gebiss-Stellung des Hundes, und ob die Zahnreihe geschlossen ist. Dies ist vor allem wichtig, wenn Sie später einmal züchten wollen. Ein seriöser Züchter wird Ihnen bei Gebiss-Fehlstellungen (→ Seite 62) einen Preisnachlass geben.

▹ Ein aufgeblähter Bauch deutet auf Wurmbefall hin – ein Zeichen, dass der Züchter nicht sorgfältig entwurmt hat.

▹ Beim Rüden sollten beide Hoden fühlbar sein. Lassen Sie sich vom Züchter zeigen, als Laie sollten Sie nicht daran herumdrücken.

Impfpass, Entwurmung und Ernährungsplan

In der siebten bis zwölften Lebenswoche wird die Grundimmunisierung der Welpen durchgeführt. Sie werden gegen die gefährlichen Infektionskrankheiten Staupe, Hepatitis, Leptospirose und Parvovirose geimpft (→ Seite 52). Diese Maßnahmen sind im Internationalen Impfpass festgehalten, den der neue Besitzer beim Kauf erhält. Alle weiteren Impfmaßnahmen, die der Yorkie im Verlauf seines Lebens erhält, werden dort eingetragen. Achten Sie darauf, dass der Impfpass vollständig ausgefüllt ist, also auch Ihr Name und Ihre Adresse sowie die des Züchters eingetragen sind. Sie können sonst Schwierigkeiten an den Grenzen bekommen, wenn Sie Ihren Yorkie auf Reisen mitnehmen. Erkundigen Sie sich vor der Übernahme auch, ob der Welpe entwurmt wurde. Das ist eine wichtige Maßnahme. Einige Züchter geben den Käufern einen Ernährungsplan für den Kleinen mit, um ihm die Futterumstellung zu erleichtern. Eine plötzliche Umstellung auf andere Mengen und andere Kost führt häufig zu Magen- und Darmstörungen.

Die Ahnentafel

Zu jedem in einem Verein gezüchteten Rassehund gehört eine Ahnentafel, worin folgende Punkte aufgeführt sind:

▹ Der Zuchtverein

▹ Name und Geschlecht des Hundes,

▹ Züchter,

▹ Zuchtbuch-Nummer,

▹ Tätowier- oder Chip-Nummer (→ Seite 69), Wurftag und Wurfstärke,

▹ die Ahnen (meist bis in die dritte Generation) mit ihren Auszeichnungen.

Die Ahnentafel ist eine Urkunde im juristischen Sinne und Eigentum des jeweiligen Vereins. Nach dem Tod des Hundes sollte sie dem Verein zurückgegeben werden.

Rechtlich gesehen, hat jeder die Möglichkeit, durch Gründung eines Zuchtvereins Abstammungsunterlagen zu drucken und eine Unzahl hochtrabender und niemals errungener Championtitel einzutragen. Um sicher zu sein, dass die Eintragungen auch den Tatsachen entsprechen, sollten Sie auf das FCI-Zeichen (Förderation Cynologique Internationale) achten. Dieses Zeichen bedeutet eine weltweite Anerkennung und ist besonders wichtig, wenn Sie Ihren Hund zur Zucht verwenden oder ausstellen wollen.

Sie sollten aber auch ohne diese Vorhaben auf eine Ahnentafel Wert legen. Durch den Kauf eines Rassehundes mit einer FCI-anerkannten Ahnentafel trägt man nämlich dazu bei, der ausufernden und unkontrollierten Massenzucht Einhalt zu gebieten – und unterstützt damit auch den Tierschutzgedanken.

Der Kaufvertrag

Bitte bestehen Sie auf einem Kaufvertrag, er sichert sowohl Sie als Käufer wie auch den Züchter rechtlich ab. Der Hundekauf ist eine zivilrechtliche Angelegenheit; ein Hund wird, je nach Rechtslage und Land, bei Streitfällen und Regress-Ansprüchen manchmal noch immer als »Sache« angesehen. Ein Kaufvertrag kann zum Beispiel vor Gericht von Nutzen sein, wenn Sie den Wert Ihres Hundes, der eventuell durch Fremdverschulden verletzt oder getötet wurde, beweisen müssen. Vordrucke sind bei den einzelnen Rassehundvereinen erhältlich, ein selbstgeschriebener Vertrag ist aber auch zulässig. Im Kaufvertrag wird neben äußeren Merkmalen (und evtl. Fehler) des Hundes auch sein Preis festgehalten.

Der Kaufpreis: Wie schon erwähnt, kostet ein verantwortungsvoll gezüchteter Yorkie 800 bis 1000 € und mehr. Das ist nicht wenig. Aber glauben Sie uns, die seriösen Züchter machen mit der Hundezucht kein Geschäft. Yorkshire-Terrier-Hündinnen gebären sehr oft nur ein bis zwei Welpen pro Wurf, die Anschaffung einer Zuchthündin übersteigt den üblichen Welpenpreis um einiges, und der Unterhalt einer Hundezucht erfordert ebenfalls einen großen finanziellen wie Zeitaufwand.

Wichtig: Versuchen Sie nicht, zu handeln. Als Züchter wird man misstrauisch, wenn Käufer versuchen, den Preis zu drücken. Wer einen Hund als Ware betrachtet und darum feilscht, hat in meinen Augen falsche Vorstellungen von der Tierhaltung.

Die Grundausstattung für Ihren Hund

Siehe auch Seite 79

Hundekorb: Besorgen Sie sich am besten eine Plüschhöhle oder ein -Bett. Diese Ruheplätze kann man jederzeit problemlos in der Waschmaschine waschen.

Ungeeignet sind die herkömmlichen geflochtenen Weidenkörbe. Sie sind nicht leicht sauber zu halten, werden von den Hunden gerne angeknabbert und an den dann abstehenden und aufgeschlitzten Weidenstäben bleiben die Yorkies mit ihren Haaren hängen.

Halsband und Leine: Anfangs eignet sich eine spezielle Yorkie- oder Ausstellungsleine (→ Zeichnung, Seite 27) am besten. Diese geflochtene, 1,20 m lange Nylon-»Schnur« ist Leine und Halsband in einem. Dadurch lässt sie sich rasch verstellen und abnehmen. Ein kleines Gelenk verhindert, dass ein »Leinensalat« entsteht – der Hund kann sich also frei bewegen. Es gibt jedoch auch noch etwa 1 cm breite Leinen aus ähnlichem Material, bei dem das Halsband separat ist.

Praktisch sind Leinen mit einer Aufrollautomatik, die dem Hund einen Bewegungsfreiraum von etwa drei bis 5 Metern geben. Wenn Sie ein Lederhalsband kaufen wollen, achten Sie darauf, dass es nicht zu schwer und zu hart ist. Die Innenbeschichtung sollte glatt sein, Filz scheuert zu sehr am Haar. Ungeeignet sind so manche sogenannte Katzengeschirre. Sie sind für den Hund unbequem und beeinträchtigen das feine Haar des Yorkshire-Terriers.

Sehr zu empfehlen sind Halsbänder, Leinen und Geschirre aus weichem Nappaleder, die man in sehr schönen und auch edlen Ausführungen bestellen kann (→ siehe Seite 79).

Transportbox: Hier ist der Yorkshire-Terrier sicher aufgehoben, wenn es auf Reisen geht. Auf Zuchtschauen dient sie, mit einer Samtdecke überzogen, als kleines Podest für den Hund.

Futter- und Wassernäpfe: Wenn Sie vermeiden wollen, dass Ihr Yorkie im Verlauf seiner Nahrungsaufnahme Näpfe samt Inhalt geräuschvoll durch die ganze Küche schiebt, sollten Sie auf die Rutschfestigkeit der Näpfe achten. Glasierte, flache Tongefäße, Stahl- oder auch feste Glasschüsseln lassen sich leicht an der Unterseite mit einem Gummiring versehen. Es gibt sie auch im Fachhandel schon so präpariert zu kaufen. Für den besseren Stand sollte man noch zusätzlich ein abwaschbares, rutschfestes Tischset auf den Boden legen. Wählen Sie die Größe der Näpfe so, dass sich die kleinen Portionen, die der Yorkie erhält, nicht darin verlieren.

Spielzeuge: Am besten sind Bälle oder Ringe aus Vollgummi oder Latex, die der Hund bequem ins Maul nehmen kann. Sie dürfen aber nicht zu klein sein, damit er sie nicht verschluckt. Gut ist auch Spielzeug aus geknoteten Seilen oder Büffelhaut, woran der Kleine seine Kaumuskulatur kräftigen kann. Auch ein ausrangierter, verknoteter Socken kann dem kleinen Yorkie viel Freude bereiten.

Ungeeignet ist Spielzeug aus dünnem Plastik oder aus leicht splitternden Materialien.

Pflegemittel: Für eine gründliche Pflege benötigen Sie: einen antistatischen Kamm, eine Bürste mit reinen Naturborsten, eine spezielle, luftgepolsterte Drahtbürste *ohne* Noppen, ein Spezial-Shampoo, eine ebensolche Spülung und ein spezielles Pflege-Spray (die sonst üblichen Hundepflegemittel sind für das Yorkie-Haar nicht geeignet!).

Ferner noch spezielle kleine Ringgummis aus Latex, Haarspangen aus Kunststoff und damit Ihr Kleiner »noch schöner« aussieht, Spangen mit einer Stoffschleife, die in großer Auswahl erhältlich sind.

Achten Sie bitte darauf, dass Sie Produkte verwenden, die speziell für die Pflege des Yorkies angefertigt wurden (→ siehe Seite 79).

Transportbox (→ linke Seite und unten): Eine Transportbox ist eine sinnvolle Anschaffung, wenn Sie viel mit Ihrem Hund unterwegs sind und an Zuchtschauen (→ Seite 70) teilnehmen wollen. Mit einer Samtdecke überzogen, sind sie zugleich der »Ausstellungsthron«, auf dem sich der Yorkie präsentiert (→ Zeichnung, Seite 70) – bei vielen Ausstellungen müssen sie jedoch am Boden präsentiert werden.

Aber auch auf Reisen, im Auto oder Tierarztbesuchen, haben sich diese Kunststoff-Boxen bestens bewährt.

Futter für die ersten Tage: Legen Sie sich bereits vor dem Einzug Ihres neuen Hausgenossen einen kleinen Vorrat an. Es genügen einige kleine Hundefutter-Dosen und Futterflocken zum Untermischen oder auch nur spezielles Trockenfutter (was ich eher empfehle).

Die meisten Züchter geben ihren Kunden ein wenig vom gewohnten Futter mit, da die Futterumstellung fast nie problemlos verläuft (→ Seite 24).

Wir empfehlen »Royal Canin Junior« oder auch »Royal Canin Mini Yorkie« – ein Futter, das speziell auf die Bedürfnisse des Yorkies abgestimmt ist (→ Seite 47).

Wenn Sie nun noch eine Schüssel mit frischem Wasser (Leitungswasser) bereitstellen, haben Sie zum Empfang Ihres neuen Familienmitglieds alles bestens vorbereitet.

Erziehung und Alltag mit dem Yorkie

Die Eingewöhnung des Welpen

Nehmen Sie sich viel Zeit für die Eingewöhnung Ihres Hundes. Am besten holen Sie den Welpen freitags beim Züchter ab, dann haben Sie ein freies Wochenende vor sich. Vielleicht können Sie noch zwei bis drei Urlaubstage daran anschließen.

Der Hund braucht jetzt die Zuwendung seiner neuen Familie. Für ihn ist dies eine Zeit totaler Umstellung und in vielerlei Hinsicht verwirrend. Er wurde aus seinem gewohnten Rudel – dazu gehörte auch die Familie des Züchters – genommen und muss nun seine eigenen Erfahrungen machen. Überfordern Sie ihn in dieser Phase des Lernens nicht, und lassen Sie ihm Zeit, sein neues Zuhause auszukundschaften. Verschieben Sie Besuche von Freunden auf später. Lärm, Hektik und Unruhe würden das Tier stören. Auf diese Weise machen Sie es Ihrem Hund etwas leichter, sich zu orientieren und seine neue Familie besser kennenzulernen.

Wichtig: Achten Sie noch vor der Ankunft Ihres neuen Hausgenossen auf mögliche Gefahrenquellen in Haus und Garten (→ Gefahrenkatalog, Seite 31) und präparieren die Umgebung des Hundes entsprechend.

Das richtige Hochnehmen

Falls Sie noch keine Erfahrung mit Hunden haben, lassen Sie sich vor dem Transport vom Züchter zeigen, wie der Welpe richtig getragen wird: Mit der einen Hand halten Sie ihn unter dem Brustkorb, mit der anderen stützen Sie sein Hinterteil und heben ihn hoch. Dann können Sie ihn auf einen Arm setzen, wobei Sie die beiden Vorderläufe mit den Fingern zusammenhalten (→ Zeichnung, rechte Textspalte).

Falsch ist es

- ▷ wenn die Beinchen seitlich abgewinkelt werden, denn die Gelenke des Welpen sind noch nicht gefestigt;
- ▷ den Welpen an den Vorderläufen hochzunehmen oder zu ziehen;
- ▷ den Hund am Nackenfell zu packen.

Das richtige Tragen: Ein Yorkshire-Terrier findet bequem auf einem Unterarm Platz. Zum Abstützen müssen die beiden Vorderpfoten zusammengehalten werden, damit die Beinchen nicht seitlich abgewinkelt sind.

Die Fahrt zum neuen Zuhause

Gestalten Sie Ihrem Hund diesen ersten Schritt aus seiner gewohnten Umgebung hinaus so angenehm wie nur möglich. Wenn Sie ein Auto nehmen, fahren Sie am besten zu zweit, dann kann der Beifahrer den Kleinen auf dem Schoß halten und ihn beruhigen. Nehmen Sie Papiertücher und ein Handtuch mit, falls der Welpe sich vor Aufregung übergeben muss. Da Hunde sehr empfindlich gegen Zugluft sind, müssen die Fenster unbedingt geschlossen bleiben. Wenn Sie alleine fahren, oder auch bei Fahrten mit öffentlichen Verkehrsmitteln, sollten Sie eine verschließbare Transportbox benützen. Eine Tasche genügt auch – Sie sollten aber eine mit einem Karabinerhaken zum Angurten kaufen, damit der Kleine nicht herauskrabbelt.

Wichtig: Halten Sie Ihren kleinen Yorkie während der Fahrt gut fest, wenn Sie ihn auf den Schoß nehmen. Bei einem plötzlichen Abbremsen kann er leicht hinunterfallen. Sie sollten ihn auf jeden Fall auf dem Rücksitz unterbringen.

Die ersten Tage

Zuhause angekommen, läuft der Welpe je nach Temperament und Gemütslage neugierig, vorsichtig oder aufgeregt herum und beschnuppert alles. Auf diese Art lernt er seine Umgebung kennen. Stören Sie ihn dabei nicht, beobachten Sie nur, ob er an einigen Stellen vermehrt schnüffelt und sich hinsetzen, also sein Geschäft verrichten will. Lassen Sie es ihn während dieser Zeit auf einer alten Zeitung erledigen – er ist dies in den meisten Fällen vom Welpenauslauf seines Züchters so gewohnt.

Strafen Sie ihn nicht, das würde ihn in dieser ersten Erkundungsphase zu sehr verängstigen. Haben Sie etwas Geduld mit dem Tier, auch wenn auf dem Teppich ein kleiner See entsteht. Wie man einen Hund zur Stubenreinheit erziehen kann, ist auf Seite 27 und 28 erklärt.

Die Namensgebung: Sie sollten sich einen kurzen, prägnanten Rufnamen für den Hund ausdenken, der Ihnen passend erscheint. Oder Sie übernehmen den Namen, der auf der Ahnentafel des Hundes aufgeführt ist – aber in gekürzter Form. Da die Züchter verpflichtet sind, ihren Zwingernamen darin aufzunehmen, sind diese Namen manchmal ziemlich lang. Ein Beispiel hierfür ist »Nobody's Darling of Animos Garden« oder »Anja vom Treuen Freund«. Die Wörter »of« oder »vom« bedeuten nicht, dass z. B. Anja einem alten Adelsgeschlecht angehört, sondern verweisen lediglich auf den Namen des Zwingers. Viele Yorkshire-Züchter geben ihren Hunden englische Namen als Erinnerung an den Ursprung der Rasse.

Rufen Sie den Kleinen in den ersten Tagen zum Fressen, Ausführen oder Spielen. Er wird sich dann schnell an seinen Namen gewöhnen, weil er ihn mit angenehmen Vorgängen verbindet.

Der Stammplatz: Von Anfang an braucht Ihr Hund einen Platz in der Wohnung oder im Haus, der nur für ihn bestimmt ist. Meistens ist das zugleich der Schlafplatz. Da der Yorkshire-Terrier von Natur aus neugierig ist, wird er sich in einer abgelegenen Ecke nicht wohlfühlen. Stellen Sie seine Höhle an einen Ort, wo er alles miterleben kann und Sie selbst nicht ständig über ihn stolpern. Bodenkälte und Zugluft sollten vermieden werden, auch ein Platz direkt an der Heizung ist ungeeignet, weil sonst das Haar austrocknet. Zum Schlafen nachts ist eine Zimmertemperatur von etwa 18°C für den Hund ideal.

Oft sucht sich der Welpe jedoch einen weiteren Stammplatz außerhalb seines Schlafbereiches. Zielsicher steuern die meisten Hunde eine Stelle an, von der sie sich am meisten Unterhaltung versprechen: das Wohnzimmer-Sofa. Ihr Hund wird glücklich sein, wenn Sie ihm dort eine Ecke überlassen. Legen Sie eine eigene Decke für ihn darauf, denn es ist wichtig, dass der Hund seinen Eigengeruch wiedererkennt. Vor kurzem rief eine Hundebesitzerin an und klagte über einen völlig verstörten Hund. Nach langem gemeinsamen Überlegen fanden wir heraus, dass sie allzu häufig die Polsterbezüge ihres Sofas wechselte und dem Hund der »Wiedererkennungseffekt« fehlte.

Das Hunde-Tagebuch: Legen Sie ein Buch an, in dem Sie alle wichtigen Daten notieren: Impftermine, Wurmkuren, Krankheitsverläufe, welche Medikamente verabreicht wurden. Sie können das Buch auch mit Fotos illustrieren und so die Entwicklung des Hundes dokumentieren. Vor allem Kinder haben viel Spaß an diesem Teil der »Buchführung«.

Die ersten Nächte

Besonders nachts wird dem kleinen Welpen die Trennung von Mutter und Geschwistern bewusst. Er ist nicht mehr abgelenkt durch die vielen neuen Eindrücke und fühlt sich einsam. Manche Hunde legen sich zufrieden und erschöpft an ihren Platz und schlafen ruhig bis zum nächsten Morgen. Die meisten Welpen verkünden jedoch ihr Heimweh mit Jammern und Jaulen und wollen nicht alleine sein.

Sie sollten dafür Verständnis haben und den Schlafplatz des Hundes in diesem Falle für die ersten Nächte in Ihr Schlafzimmer verlagern. Das heißt nicht, dass Sie ihn ins Bett nehmen müssen – stellen Sie seine Schlafhöhle neben das Bett. So können Sie den Kleinen beobachten und ihm durch Ihre Hand, die Sie ohne Verrenkung herunterhängen lassen können, Ihre Nähe vermitteln. Ein alter Pullover oder eine Wärmflasche sind ideale Zugaben, um dem Yorkshire-Terrier die fehlende Mutterwärme zu ersetzen. Wenn Sie nun noch ab und zu beruhigend mit ihm reden, wird er sich bald umgewöhnt haben, und Sie können seine Schlafhöhle an den vorgesehenen Platz stellen.

Hüten Sie sich bei allen Tröstungsversuchen davor, den Welpen mit ins Bett zu nehmen, falls Sie ihn dort nicht haben wollen. Es kann sein, dass er das über Jahre hinweg nicht vergisst und sich dieses angenehme Plätzchen immer wieder durch aufmerksamkeitsheischendes Jammern und Fiepsen erbetteln will. Es gilt die Regel: Einmal im Bett – immer im Bett.

Die Futterumgewöhnung

Kurz nach dem Besitzwechsel kann es vorkommen, dass Ihr neuer Freund nur ab und zu oder fast gar nichts zu sich nimmt. Er ist mit dem Sammeln neuer Eindrücke so beschäftigt, dass er auf Fressen fast keinen Wert legt. Sein Organismus hat in diesen Tagen viel zu verkraften:
Die Aufregung durch eine totale Lebensumstellung, dazu ein anderes Futter. Auch das Wasser hat eine andere Qualität. Die Folgen sind oft Durchfall. In selteneren Fällen muss sich der Welpe sogar übergeben. In solchen Fällen helfen bewährte Hausmittel:
Eine gekochte Kartoffel, leicht gesalzen und mit etwas angebratenem oder gekochtem Rinderhackfleisch vermischt (ohne Fett), hilft sehr gut. Oder Sie setzen den Hund mit Reis- oder Haferschleim auf Diät (→ auch Seite 56). Es gibt jedoch auch »Reto«, das sehr schnell hilft. Zwingen Sie ihn aber nicht zum Fressen, beobachten Sie nur, ob er sonst einen munteren Eindruck macht.

Sind die Augen klar, spielt er ausgelassen wie immer, wird sich die Verstimmung bald normalisieren. In diesem Fall besteht kein Grund zur Sorge. Zeigt er aber weitere Krankheitszeichen, sollten Sie den Tierarzt verständigen.

Die Erziehung des Welpen

Der Erziehung eines Kleinhundes wird oft nicht viel Bedeutung zugemessen. Vielen Menschen leuchtet die Notwendigkeit dazu nicht ein, weil sie – oft auch unbewusst – so einem »Fliegengewicht« nichts Böses zutrauen. Wer je erlebt hat, wie sich ein Yorkshire-Terrier zum Tyrann der Familie aufspielte, wurde eines Besseren belehrt. Jeder Hund versucht, Schwächen seines Besitzers auszunutzen, um sich selbst Vorteile zu verschaffen, sei es auf dem Kopfkissen zu schlafen oder sich bei Tisch etwas Essbares zu erbetteln.

Es ist sehr schwer, einem älteren Hund solche unangenehmen Unarten abzugewöhnen. Beginnen Sie deshalb schon im Welpenalter mit einer vernünftigen und konsequenten Erziehung. Nur durch Erziehung lässt sich das Zusammenleben mit dem Yorkshire-Terrier harmonisch gestalten. Was Ihr Yorkie in den ersten sechs Lebensmonaten lernt und erfährt, prägt sein Wesen und ist Grundlage seiner gesamten weiteren Entwicklung.
Der bekannte Zoologe und Hundeforscher Eberhard Trumler schreibt in einem seiner Bücher: »Alle Erziehung steht und fällt mit dem eigenen Erzogensein. Unbeherrschtheit, Inkonsequenz, Unsicherheit, Egoismus oder Herrschsucht sind nur einige der Eigenschaften, mit deren Hilfe wir zuverlässig aus jedem Welpen einen neurotischen Hund machen«. Seien Sie sich also Ihrer Vorbildfunktion bewusst, und handeln Sie von Anfang an danach. Geduld, liebevolles Verständnis, aber auch Konsequenz sind Grundvoraussetzungen für eine vernünftige Erziehung.

Karpfenrücken: Dieser Haltungsfehler kann durch Bewegungsmangel entstehen. Auch ein kleiner Hund braucht ausreichend Auslauf.

Der Rudelführer: Unter natürlichen Verhältnissen übernimmt der Vaterrüde, also der Rudelführer, die Erziehung des Welpen. Er wendet von Natur aus ein ausgewogenes Erziehungsprogramm an. Auch der domestizierte Hund betrachtet die Familie, in der er lebt, als Rudel und braucht einen »Rudelführer«. Sie sollten sich gleich zu Anfang in Ihrer Familie auf eine Person einigen, die diese Stelle verantwortlich einnimmt. Selbstverständlich wirken auch die anderen Familienmitglieder indirekt an den Erziehungsvorgängen mit. Sie sollten sich aber in der Erziehung genauso wie der »Rudelführer« verhalten.
Wenn mehrere Personen an dem Kleinen herumerziehen, kann es zu Verhaltensstörungen kommen. Darum ist es auch wichtig, dass alle die gleichen Kommandos verwenden.

Grundregeln der Erziehung

▷ Versuchen Sie, Ihren Yorkie im Spiel zu erziehen. Er lernt in diesen Situationen leichter.

▷ Lassen Sie eine Bestrafung oder Ermahnung nicht zu lange nach der »Tat« erfolgen. Ein Hund kann nur die direkt aufeinander folgenden Ereignisse miteinander verknüpfen, er versteht eine spätere Bestrafung nicht mehr.

▷ Verändern Sie den Tonfall Ihrer Stimme, wenn Sie den Hund loben oder tadeln.

▷ Loben Sie ihn viel mit Worten oder Gesten wie Streicheln oder Kraulen. Zur Belohnung darf er auch Hundekekse bekommen. Es gibt sie im Fachhandel in Spezialgrößen für Kleinhunde zu kaufen.

▷ Schlagen Sie ihn nicht (kleine Klapse schaden aber nichts).

▷ Wenn der Kleine absolut nicht folgen will, ist es manchmal wirkungsvoll, mit einer zusammengelegten Zeitung auf den Tisch zu klatschen (nie den Hund damit schlagen!).

Das nächste Kapitel kann für viele ein großes Problem werden – sei es durch Eigenverschulden oder andere Umstände, warum der eine Hund Stubenreinheit schneller begreift, der andere jedoch längere Zeit dazu braucht.

Erziehung zur Stubenreinheit

Ihre erste Aufgabe ist es, herauszufinden, auf welche Weise der Welpe seine Bedürfnisse ankündigt. Anzeichen können sein:

▹ Drehen im Kreis,

▹ häufiges Hinsetzen,

▹ ein Suchverhalten, also hektisches Herumlaufen, wobei der Hund schnüffelt.

Tragen Sie ihn dann sofort nach draußen – in den Garten oder auf eine Straße ohne Verkehr – und loben Sie ihn, wenn er sich löst, also sein Geschäft verrichtet. Suchen Sie gleich einen geeigneten Stammplatz, den der Hund an seinem Geruch wiedererkennt. Auf der Straße ist es nicht so leicht, einen Platz für ihn zu finden, da Sie ihn nur an den Rinnstein gewöhnen dürfen (→ Straßenreinhaltung, Seite 12).

In Krankheitsfällen oder wenn die Besitzer gehbehindert sind, kann man dem Kleinen zur Not auch auf dem Balkon oder im Badezimmer einen Platz einrichten, der mit Zeitungspapier ausgelegt sein sollte. Achten Sie bei einem Rüden darauf, die richtigen Stellen abzudecken. Da er beim Wasserlassen sein Beinchen hebt, ist vor allem die seitliche Wand beeinträchtigt. Ein sogenanntes »Katzenklo« wird von einem Kleinhund in den seltensten Fällen benutzt. Außerdem würde der Hund durch Graben und Scharren in der Einstreu viel Dreck verursachen. Grundsätzlich soll der Welpe beim täglichen Auslauf sein Geschäft verrichten. Gehen Sie mit dem jungen Hund gleich nach dem Aufwachen am Morgen und nach jeder Mahlzeit spazieren. Dies sind die Zeiten, in denen er sich lösen muss. So können Sie am ehesten seine Bedürfnisse programmieren.

Im Spezialfachhandel ist auch ein sogenanntes »Welpen-WC« erhältlich. Ein zusätzliches »Anlock«-Öl soll den Kleinen zum Urinieren und Lösen animieren, sodass Sie ihn an einen bestimmten Platz gewöhnen können.

Wichtig: Es ist unvermeidlich, dass dem Welpen in der ersten Zeit ein Missgeschick passiert. Eine Maßregelung ist jedoch nur sinnvoll, wenn Sie ihn »auf frischer Tat ertappen«. Tragen Sie ihn dann sofort vor die Tür und strafen Sie ihn mit einem energischen »Pfui«. Zu einem späteren Zeitpunkt kann der Hund den Zusammenhang zwischen Vergehen und Strafe nicht mehr begreifen.

Das Reinigen der Teppiche erfolgt am besten mit verdünntem Essigwasser oder Neutralseife. Aber Vorsicht: zuviel Essig kann die Farben des Teppichs angreifen. Probieren Sie an einer nicht sichtbaren Stelle aus, welches Misch-Verhältnis keinen Schaden anrichtet. Essig und Seife haben starke Eigengerüche, die den Hundegeruch überdecken.
Wenn Sie einen ganzen Teppich reinigen wollen, lassen sie ihn lediglich waschen, also nicht chemisch reinigen. Bei einer chemischen Reinigung bleibt durch die Kombination mit dem Urin ein unangenehmer Geruch haften.

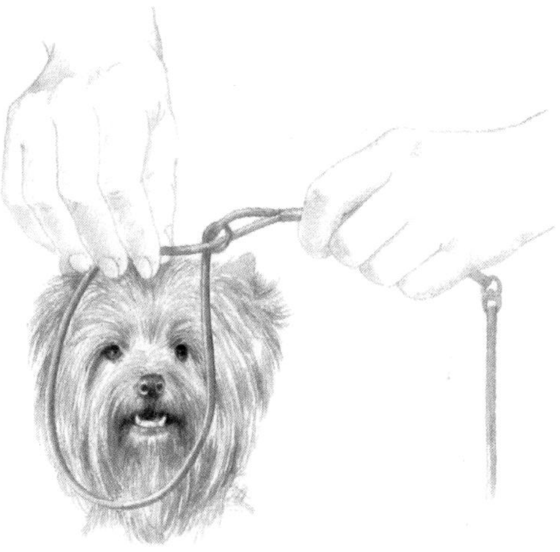

Leine anlegen: Die spezielle Yorkie-Leine lässt sich beliebig in der Größe verstellen. So kann man sie bequem über den Kopf streifen und mit der Metallhülse arretieren. Zwei Fingerbreit Platz sollte dabei noch bleiben.

Mein Tipp: Kaufen Sie für die Zeit der Eingewöhnung sogenannte »Fleckerlteppiche«, und legen Sie diese über die Stellen, die Ihr Hund bevorzugt. Diese Läufer sind preiswert und können problemlos gewaschen werden. Am besten legen Sie zusätzlich Plastikfolie darunter oder weißes Küchenpapier, damit sie nicht abfärben. Dies bietet sich vor allem dann an, wenn Sie kostbare Teppiche besitzen.

Grundsätzliches zur Stubenreinheit: Es gibt keine verbindlichen Regeln und Tipps, durch man die Unsauberkeit eines Hundes sofort »abstellten« kann. Es ist von Hund zu Hund unterschiedlich. Falls jemand ein Buch darüber geschrieben hätte, wäre dieser bereits Millionär – gibt's aber nicht. Außer unseren Grundregeln muss man also alles selbst mit viel Verständnis und Geduld herausfinden.

Die Gewöhnung an Halsband und Leine

Beim Spiel im Garten oder in der Wohnung können Sie Ihren Yorkie mit Leine und Halsband vertraut machen. Lassen Sie ihn beides beschnüffeln, und legen Sie ihm in den ersten Tagen der Eingewöhnung ab und zu die Yorkie-Leine oder ein leichtes Halsband an. Binden Sie es so locker zu, dass zwei Finger Ihrer Hand noch Platz haben. Anfangs wird der Welpe versuchen, diese ungewohnte Fessel abzustreifen und daran kratzen, doch er wird sich schnell daran gewöhnen.

Üben Sie jetzt das Gehen an der Leine in der Wohnung oder im Garten, bevor Sie den Kleinen zum ersten Mal ausführen. Die häufigste Reaktion ist nämlich ein erboster Widerstand gegen diese ungewohnte Freiheitsberaubung. Die Welpen stemmen sich gegen den Zug der Leine, versuchen, sie anzunagen oder setzen sich einfach hin. Es hat keinen Sinn, den Welpen dann eine Wegstrecke lang zu ziehen und würde ihm auch wehtun. Reden Sie ihm gut zu, und loben Sie ihn, wenn er ein paar Schritte in die »richtige«, also die Zugrichtung, getan hat. Sobald es für ihn selbstverständlich geworden ist, an der Leine zu gehen, gewöhnen Sie ihn nach und nach an belebtere Straßen, sodass er den Autoverkehr und die Begegnung mit anderen Menschen und Hunden kennenlernen kann. Bald wird er seine Leine als ein Symbol für Spaziergänge und Abenteuer ansehen und sich freuen, wenn sie ihm angelegt wird.

Wichtig: Nehmen Sie dem Yorkie nach jedem Spaziergang das Halsband wieder ab. Erstens kann sich das Haar im Hals- und Nackenbereich abscheuern. Und zweitens birgt das Tragen des Halsbandes im Haus eine Unfallgefahr. Wir haben schon gehört, dass ein neugieriger kleiner Yorkie hinter den Kühlschrank kroch und mit dem Halsband an den dort befindlichen Gittern hängenblieb. Er musste stundenlang warten, bis sein Frauchen ihn befreien konnte.

Das Kommando »Komm!«

Wenn Sie Ihren Yorkie an autofreien Plätzen einmal ohne Leine laufen lassen wollen, gebrauchen Sie den Befehl »Komm«. »Komm« muss immer etwas Gutes bedeuten. Macht der Yorkie mit diesem Wort gegensätzliche Erfahrungen, werden weitere Erziehungsbemühungen fast sinnlos. Einen Hund mit »Komm« zu rufen und ihn dann zu bestrafen, macht ihn unsicher und unfolgsam. Loben Sie ihn also kräftig, wenn er auf Sie gehört hat, und belohnen Sie ihn mit einem Leckerbissen. Bleiben Sie hartnäckig, wenn Ihr Hund auf diesen Befehl nicht reagieren will, weil er gerade durch etwas anderes abgelenkt ist. Er muss lernen, in jeder Situation auf »Komm« und die Nennung seines Namens zu reagieren. Als »Rudelführer« müssen Sie seinen Gehorsam erzwingen. Nur so kann er vor gefährlichen Situationen, zum Beispiel im Straßenverkehr, beschützt werden.

Das Kommando »Nein!«

Der Befehl »Nein« muss dem Hund begreiflich machen, dass es Dinge gibt, die für ihn tabu sind. Sei es, dass er Möbel oder Schuhe anknabbert oder andere Unarten zeigt. Um einem Hund begreiflich zu machen, was er darf und was nicht, hilft nur äußerste Konsequenz. Auf jede Unart muss ein ermahnendes und strenges »Nein« folgen, sobald man sie beobachtet.

Das Kommando »Sitz!«

Zum Erlernen des Kommandos »Sitz« nehmen Sie den Kleinen am besten an die Leine. Ziehen Sie damit leicht sein Köpfchen hoch, während Ihre freie Hand das Hinterteil hinunterdrückt. Gleichzeitig sagen Sie dabei deutlich »Sitz« und streicheln den Hund, wenn er sitzen bleibt. Unterstützen Sie dieses Lob, indem Sie ein langgezogenes »Brav« hinzufügen.

Lassen Sie diese Gehorsamkeitsübung anfangs nicht zu lange andauern, sonst wird der Kleine schnell ungeduldig.

Das Kommando »Platz!«

Mit dem Befehl »Platz« üben Sie, dass Ihr Yorkie an einer Stelle bleibt, während Sie sich entfernen. Das Erlernen verläuft ähnlich wie beim Kommando »Sitz«: Geben Sie den Befehl, während Sie den Kleinen an Nacken und Hinterteil hinunterdrücken, bis er sich hinlegt. Will er gleich wieder aufstehen, rufen Sie nochmals »Platz« und verhindern durch einen Druck auf den Rücken, dass er sich erhebt. Wiederholen Sie diese schwierige Übung mehrmals täglich zwei- bis dreimal, und sparen Sie nicht mit Lob. Hat der Yorkie den Sinn dieses Befehls begriffen, bleibt er liegen, bis Sie ihn durch »Komm« wieder auflösen. Üben Sie daraufhin, sich täglich ein Stück mehr von ihm zu entfernen, bis er auch dann liegenbleibt, wenn er Sie nicht mehr sieht.

Vergessen Sie nie, den Kleinen ausreichend zu loben und mit Hundekeksen zu belohnen.

Das Alleinebleiben

Ein bis zwei Stunden pro Tag kann der Yorkshire-Terrier alleine bleiben. Daran sollten Sie ihn so früh wie möglich gewöhnen. Lassen Sie ihn zunächst für einen kleinen Moment allein in der Wohnung zurück und hören Sie von draußen, wie der Kleine reagiert. Wenn er winselt, jault, bellt oder an der Türe kratzt, gehen Sie nach einer Weile wieder zu ihm, beruhigen ihn und ermahnen ihn zum Stillsein. Üben Sie dieses Alleinlassen täglich mit ihm. Zögern Sie das Wiedersehen immer ein bischen mehr hinaus, dann wird sich der Hund schnell daran gewöhnen, dass Sie für kurze Zeit nicht da sind. Bevor Sie dann einen Einkauf in der näheren Umgebung tätigen, verständigen Sie Ihren Nachbarn. Er wird Ihnen sagen können, ob Ihr Hund sich ruhig verhalten hat. Wenn nicht, müssen Sie noch ein wenig weiterüben, bis der Yorkshire-Terrier genügend Vertrauen gewonnen hat und Ihnen glaubt, dass Sie wiederkommen.

Die schlechten Manieren

Das Betteln bei Tisch

Ein Yorkshire-Terrier kann herzerweichend schauen. Vor allem, wenn es darum geht, bei Tisch einen Happen zu erbetteln. Wenn Sie diesem Blick nachgeben und ihm etwas von Ihrem Teller überlassen, haben Sie Ihren Yorkie mit Sicherheit bald dazu erzogen, regelmäßig mit lautem Fiepsen Ihre Mahlzeiten zu stören. Abgesehen davon sind die gewürzten Speisen für das Tier ungesund! Am besten ist der Hund während der Essenszeiten an seinem Stammplatz aufgehoben. Ein so konsequent erzogener Hund wird sich dann auch im Restaurant ruhig verhalten.

Wenn der Yorkie an den Möbeln knabbert

Vor allem in der Zeit des Zahnwechsels (fünfter bis siebter Lebensmonat) sucht der Yorkie-Welpe etwas, woran er kauen kann und nimmt vielleicht Ihre Möbel in Angriff. Ermahnen Sie ihn geduldig und immer wieder mit einem deutlichen »Nein«, wenn Sie ihn dabei erwischen. Seine Kaulust mit kleinen Büffelhautknochen oder Hundekeksen zu befriedigen, hat meist wenig Zweck. Wenn er Ihre Befehle hartnäckig ignoriert, können sie im Fachgeschäft oder Online-Shop auch Sprays erwerben, die ihn unter Umständen von ungeeigneten Gegenständen abhalten (bitte keines mit umweltschädlichem Treibgas verwenden).

Wie der Yorkie zum Kläffer wird

Wie alle kleinen Hunde bellt der Yorkshire in einer höheren Tonlage. Sein Bellen wirkt dadurch schriller und durchdringender als das von größeren Hunden. Wie oft ein Hund bellt, ist Temperamentsache. Häufig wird seine Bell-Lust jedoch unbewusst verstärkt. Achten Sie deshalb auf folgende Punkte:

▹ Ermuntern Sie ihn nicht zusätzlich durch Nachäffen zu weiterem Bellen.

▹ Vermeiden Sie vor allem während der Eingewöhnungszeit Lärm und Hektik. Unruhe in der Wohnung oder im Haus animiert einen Hund zum Bellen.

▹ Freudiges Bellen während des Spiels, ein Anschlagen beim Klingeln an der Tür sowie Lautgeben bei unbekannten Geräuschen müssen Sie aber tolerieren.

Wenn der Yorkie in Hosenbeine beißt

DerYorkshire-Terrier hat einen ausgesprochenen Beschützerinstinkt und meint oft, Herrchen oder Frauchen verteidigen zu müssen, auch wenn keine direkte Gefahr besteht. Dann packt er den vermeintlichen Angreifer am Hosenbein oder beißt ihn in die Ferse. Sie sollten dieses Verhalten nicht als »niedlich« ansehen, auch wenn das Bild eines Yorkies, der chancenlos am Bein beispielsweise eines Zwei-Meter-Mannes hängt, zum Lachen reizt. Ermahnen Sie ihn energisch, wenn tatsächlich kein Grund zur Verteidigung besteht. Er könnte sonst jeden Fremden, der Ihre Türschwelle übertritt, »angreifen«. Abgesehen davon, dass ein grundlos aggressiver Hund viel Nerven kostet, kann ein zerrissenes Hosenbein sehr teuer sein.

Die Beschäftigung mit Ihrem Yorkie

Es gibt viele traurige Beispiele von verzärtelten Yorkshire-Terriern, die von ihren Besitzern zu einem »Sofadasein« verdammt sind. Dabei ist der Yorkie ein lernfreudiger Hund, der es liebt, sich zu bewegen und auf einer Wiese herumzutollen. Im Rahmenprogramm einiger Zuchtschauen wird mittlerweile dieser sportlichen Seite Rechnung getragen – dort werden Geschicklichkeitsprüfungen für Yorkies abgehalten. Beherrschen muss er dabei auf alle Fälle Hürdenspringen, Apportieren und noch viel mehr (→Seite 34).

Der tägliche Auslauf

Der tägliche Spaziergang sollte zum festen Ritual in Ihrem Tagesablauf werden. Planen Sie mindestens eine Stunde dafür ein – unabhängig von den Wetterverhältnissen. Teilen Sie sich die Zeit aber so ein, dass der Yorkie dreimal täglich an die frische Luft kommt. An längere, anstrengende Spaziergänge müssen Sie Ihren Yorkie allerdings nach und nach gewöhnen. Ein Hund muss sich ausreichend lösen können und braucht den Auslauf für sein seelisches Wohlbefinden. Die Gerüche und Begegnungen mit anderen Hunden sind für ihn genauso wichtig wie die körperlichen Bedürfnisse des Lösens und Laufens.

Auch für den Menschen kann der Spaziergang mit dem Hund zur sozialen Notwendigkeit werden. Leute, die isoliert leben, finden durch ihren Hund schnell Kontakt zu anderen Hundebesitzern.

Gefahrenkatalog

Gefahrenquelle	Mögliche Auswirkungen	Vermeiden der Gefahr
Balkon	Absturzgefahr.	Balkonsicherung anbringen (Netze sind im Fachhandel erhältlich).
Chemische Unkrautvernichter, Schädlingsbekämpfungsmittel	Vergiftung.	Wenn der Hund den Garten benutzt, darauf verzichten. Vor allem Schneckengift riecht für Hunde verführerisch, wirkt aber tödlich.
Elektrokabel	Durchbeißen der Leitung, Stromschlag.	Leitung unter Putz verlegen; keine freilaufenden Kabel unter Strom lassen, beim Verlassen der Wohnung Stecker ziehen. Vor allem Welpen sorgfältig beaufsichtigen.
Pflanzen	Vergiftung, Verletzung.	Keine giftigen Pflanzen in Haus und Garten halten. Zum Beispiel: Goldregen, Maiglöckchen, Herbstzeitlose, Liguster, Rhododendron, Fingerhut. Tannennadeln, die der Weihnachtsbaum verliert, gleich aufsaugen.
Scherben, Nägel, Nähnadeln	Schnittverletzungen im Zehen- und Ballenbereich, aber auch Verschlucken der Fremdkörper.	Sorgsam aufräumen, keine gefährlichen Gegenstände herumliegen lassen.
Springen von höheren Sitzgelegenheiten	Beinbruch, im schlimmsten Fall Genickbruch.	Den Hund nie allein auf dem Sofa oder Stuhl zurücklassen, wenn Sie das Zimmer verlassen. Der Yorkie springt gerne, kann die Gefährlichkeit einer Höhe jedoch nicht abschätzen.
Steckdosen	Stromschlag.	Mit Kindersicherungen abdecken.
Steile oder freitragende Treppen	Sturzgefahr, Gehirnerschütterung (→ Seite 52) oder Schädelbruch.	Den Hund tragen, nicht alleine Treppen steigen lassen. Gute Beaufsichtigung.
Türen	Einquetschen, Aus- oder Einsperren.	Auf Türen achtgeben, bei Luftzug geschlossen halten.
Wasch- und Putzmittel, Chemikalien	Vergiftung, Verätzung durch Lecken.	Alle Chemikalien sicher in Schränken aufbewahren.

Passen Sie auf, dass Ihr Yorkie beim Ausführen im Stadtgebiet und auch innerhalb von Ortschaften die Gehsteige nicht verunreinigt (→ Seite 12). Sie als Hundehalter sind sonst für die Säuberung verantwortlich. Halten Sie Ihren Yorkie auf der Straße an der Leine, lassen Sie ihn nur in geeigneten Grünanlagen oder Parks frei laufen. Natürlich erst dann, wenn er Ihnen folgt, denn auch dort muss er sich gut benehmen:

▹ Lassen Sie ihn nicht an ungeeigneten Stellen, wie zum Beispiel Kinderspielplätzen, sein Geschäft verrichten.

▹ Sorgen Sie dafür, dass er Fremde nicht anspringt oder ableckt. Viele Menschen haben Angst vor Hunden und können auch die freundliche Begrüßungszeremonie eines kleinen Yorkshire-Terriers missverstehen. Darauf sollten Sie Rücksicht nehmen.

▹ Achten Sie darauf, dass der Kleine bei Hundebegegnungen seine Kräfte nicht überschätzt. Wenn es zu Konfliktsituationen mit anderen Hunden kommt, nehmen Sie Ihren Yorkie lieber auf den Arm. Aber seien Sie bitte nicht zu ängstlich und lassen sie ungefährliche Kontakte, wie zum Beispiel eines Rüden mit einer Hündin, zu. Sonst wird sich Ihre Ängstlichkeit auf den Hund übertragen und ihn nervös machen (→ Seite 38).

Spiele zu Hause und im Freien

Ein ausgewachsener Yorkshire-Terrier beschäftigt sich nur kurze Zeit allein mit einem Spielzeug. Er mag es lieber, wenn sich jemand zu ihm gesellt und mit ihm spielt. Möglichkeiten gibt es genügend. Sei es, dass Sie sich von Ihrem Hund suchen lassen oder dass Sie ihm im Freien ein Stöckchen werfen. Die Spielauswahl wird automatisch Ihr Yorkshire-Terrier übernehmen. Wichtig ist nur, dass Sie die Kontrolle über ihn behalten und das Ende eines Spiels noch bestimmen können. Auch sollten Sie die Schnelligkeit eines Spiels der Umgebung anpassen. Bei ausgelassenem Toben auf glattem Fußboden zum Beispiel kann es zu Unfällen kommen, wenn der Kleine nicht mehr abbremsen kann (→ Gehirnerschütterung, Seite 57).

Mit dem Yorkie unterwegs

Auf Besuch: Auch wenn Ihr Yorkie gut erzogen ist und sich zu Hause gut benimmt, kann es vorkommen, dass er bei Fremden von Stuhl zu Stuhl springt oder sein Beinchen an der Zimmerpalme hebt. Die Erklärung hierfür ist einfach: Der Kleine fühlt sich vernachlässigt und möchte auf sich aufmerksam machen. Er weiß von seiner Eingewöhnungszeit her noch, dass man sich besonders mit ihm beschäftigte, wenn er eben diese Unarten zeigte. Schenken Sie ihm etwas Beachtung, und lassen Sie ihn ab und zu nach draußen, wenn ein Garten vorhanden ist. Andernfalls machen Sie einen kleinen Spaziergang und nehmen Ihre Bekannten mit.

Im Restaurant: Erkundigen Sie sich vor einem Restaurantbesuch, ob es erlaubt ist, Hunde mitzunehmen. Manche Restaurantbesitzer sehen Tiere nicht gern in ihrem Lokal. Nehmen Sie einen eigenen Wassernapf für Ihren Yorkie mit, das ist hygienischer als die oft flüchtig ausgespülten Aschenbecher. Günstig ist auch eine Decke, die Sie ihm unter den Tisch legen, denn am Boden ist es oft zugig. Dass Sie Ihren Hund auf den Schoß nehmen, kann andere Leute stören – es sei denn, er bleibt dabei immer noch unterhalb der Tischkante und bettelt nicht.

Beim Stadtbummel: Einem Großstadtgewühl sollten Sie den Yorkie nicht unbedingt aussetzen. Nehmen Sie ihn auf den Arm oder tragen Sie ihn in einer Hundetasche. Es gibt spezielle, mit Luftlöchern versehene Taschen, die

Bild rechts: Training – an der Leine laufen lernen.

dem Hund auch eine Ausguckmöglichkeit bieten. Auch Spezial-Rucksäcke für Yorkies, die man vorne trägt, können sehr sinnvoll sein. Das hat nichts mit Verhätscheln zu tun, sondern ist in diesem Fall sehr nützlich. Auch wenn der Yorkie viele Autoabgase einatmen muss, sollten Sie ihn tragen. Ein Hund darf auch nicht in Lebensmittelläden mitgenommen werden. Wenn Sie öffentliche Verkehrsmittel benutzen, erkundigen Sie sich vorher, ob Sie in diesem Falle für den Hund zahlungspflichtig sind.

Kinder und Yorkshire-Terrier

Dass Ihr Kind den Yorkshire-Terrier nicht als Spielzeug missbrauchen soll, haben wir schon erwähnt. Aber Kinder brauchen noch mehr Anleitung für den Umgang mit Hunden:

▷ Sie müssen wissen, dass sie den Hund nicht ärgern, erschrecken und ihm niemals wehtun dürfen.

▷ Beim Schlafen oder bei der Futteraufnahme sollten sie den Yorkie nicht stören.

Hürdenspringen mit Bringholz im Maul. Dies ist eine Aufgabe bei den Geschicklichkeitsprüfungen, die in Amerika und zwischenzeitlich auch vereinzelt in Europa für Yorkshire-Terrier abgehalten werden.

▷ Sie müssen zwischen dem Verhalten ihres und fremder Hunde unterscheiden lernen. Vor allem bei angeleinten Hunden ist Vorsicht geboten, sie können aus einem Abwehrverhalten heraus beißen oder schnappen.

▷ Nach der Beschäftigung mit dem Hund sollten sie sich die Hände waschen. Sie sollten sich auch nicht von Hunden ablecken lassen, obgleich die Ansteckungsgefahr bei geimpften und entwurmten Hunden sehr gering ist.

Urlaub mit dem Yorkshire-Terrier

Wenn Ihr Urlaubsziel nicht gerade in den Tropen liegt, nehmen Sie Ihren Yorkie am besten mit. Alle Hunde, vor allem Welpen und Junghunde, leiden unter der Trennung von ihrer Familie und können es nicht verstehen, auch nur eine Woche allein gelassen zu werden.

Was vor der Reise zu erledigen ist

Bei allen Reisen ins Ausland benötigen Sie einen gültigen Impfpass (→ Seite 17). Erkundigen Sie sich jedoch vorher bei den zuständigen Konsulaten, ob zusätzlich eine amtstierärztliche Bescheinigung nötig ist, da die Einreisebestimmungen der verschiedenen Länder sich sehr unterscheiden und häufig wechseln. Fast überall ist jedoch eine Tollwutschutzimpfung vorgeschrieben, die mindestens vier Wochen vor der Abreise erfolgt sein muss.

Vorsichtshalber sollte dem Hunde ein Chip mit seinen Daten implantiert worden sein, denn dies ist bereits in vielen Ländern Voraussetzung für eine Einreise.

Erkundigen Sie sich bei der Urlaubsplanung, welche Gasthöfe, Hotels oder Campingplätze Hunde gestatten. Listen hierzu sind im Reisebüro erhältlich. Lassen Sie sich die Buchung mit Hund schriftlich bestätigen. Viele Tierärzte verteilen kostenlos »Urlaubsplaner« oder geben entsprechende Auskünfte zu allen den Urlaub mit Hund betreffenden Fragen.

Das »Hundegepäck« und Vorsorge

Auch Ihr Hund möchte im Urlaub seine wichtigsten Gegenstände um sich haben. Nehmen Sie also mit:

▹ seinen Wasser- und Fressnapf, seine Schlafhöhle oder sein Bettchen, Halsband, Leine, Pflegemittel, einen Adressanhänger mit der Urlaubs- und Heimatadresse.

▹ Nahrungsvorräte, je nachdem, wie hygienisch die Verhältnisse im jeweiligen Urlaubsland sind. In südlicheren Ländern ist oft das Leitungswasser nicht keimfrei, Sie sollten Ihren Yorkie dann mit gekauftem Wasser (ohne Kohlensäure) versorgen.

▹ Eine kleine Reiseapotheke mit Mitteln gegen Reisekrankheit und Durchfall. Wundpuder, Augentropfen und ein Flohspray gehören ebenfalls dazu.

▹ Lassen Sie sich von Ihrem Tierarzt unbedingt über die gefährliche Leishmaniose und Herzwurmkrankheit aufklären und beraten.

Fahrten im Auto

Ein Hund gehört grundsätzlich auf den Rücksitz. Setzen Sie ihn – wenn er sehr unruhig ist – in eine Transportbox. Im Handel gibt es auch Sicherheitsgurte für Kleinhunde. Auf keinen Fall darf der Kleine während der Fahrt im Auto herumspringen und den Fahrer stören. Vor der Fahrt sollte Ihr Yorkie nicht zu viel fressen.

▹ Nehmen Sie seinen Wassernapf und eine Flasche sauberes Trinkwasser mit.

▹ Bei längeren Reisen sollten Sie etwa alle 1 bis 2 Stunden eine Pause einlegen.

▹ Vermeiden Sie Zugluft für das Tier, sonst kann er sich eine Entzündung der Bindehaut, der Luftwege oder der Ohren zuziehen.

▹ Lassen Sie den Hund bei Pausen nach Möglichkeit nicht im Auto warten. Vor allem bei sommerlichen Temperaturen kann dies eine Qual für ihn bedeuten. Sorgen Sie auf jeden Fall für genügend Luftzufuhr durch Fensterschlitze. In Tiefgaragen oder Parkhäusern darf Ihr Yorkie keinesfalls im Auto gelassen werden, da die dort konzentrierten Abgase schädlich für ihn sind.

▹ Einem Hund, der zu Reisekrankheit neigt, verabreichen Sie am besten vor der Fahrt eine (vom Tierarzt verschriebene) Tablette.

Wichtig: Leinen Sie den Yorkie immer an, bevor Sie die Autotüren zum Aussteigen öffnen. Zu oft schon ist es passiert, dass ein Yorkshire-Terrier – erleichtert, sein »Gefängnis« verlassen zu dürfen – zu weit auf die Fahrbahn hinaus sprang und überfahren wurde.

Reisen mit Bahn, Schiff oder Flugzeug

Erkundigen Sie sich beim Reisebüro oder direkt bei Bahn, Fluglinie oder Schifffahrtsgesellschaft nach den Transportbedingungen. Im Flugzeug kann Ihr Yorkie meistens in einer kleinen Box mit in den Passagierraum, da er weniger als 5 kg wiegt. Er muss aber bei der Buchung mit angemeldet werden, da die Zahl der Hunde an Bord begrenzt ist (bei Charterflügen gelten oft andere Bestimmungen).

Für Bahn- wie für Autofahrten gilt, eine Flasche Wasser für den Kleinen mitzunehmen. Auf Schiffsreisen kann er mit Erbrechen reagieren und sollte vorbeugend behandelt werden (Tierarzt fragen!).

Wenn er nicht mit in den Urlaub kann

Halten Sie rechtzeitig vor Ihrem Urlaubsbeginn nach einem Pflegeplatz Umschau, wenn Sie Ihren Yorkie nicht mitnehmen können. Verwandte oder Freunde sind die sichersten Adressen, Ihren Yorkie unterzubringen. Hier haben Sie Gewissheit, dass er gut versorgt wird, und er fühlt sich nicht fremd. Geben Sie ihm die gewohnten Gegenstände sowie Spielzeug mit und weisen Sie die »Urlaubsvertretung« in ihre Aufgabe ein.

Den Yorkshire-Terrier verstehen lernen

Wenn Ihr Yorkie Sie mit der Schnauze anstupst, winselt, zur Türe läuft und daran kratzt, ist das ein beachtenswertes Verhalten: er verständigt sich mit Ihnen auf eine fast menschliche Weise. Denn deutlicher kann er Ihnen nicht zeigen, dass er raus will. Sicher kennen Sie weitere Beispiele für Verhaltensweisen und Gefühlsäußerungen Ihres Yorkies, die »menschlich« wirken. Die außergewöhnliche Lernfähigkeit dieser Rasse und der Umstand, dass Yorkies aufgrund ihrer Größe in einem sehr engen Kontakt zum Menschen leben, haben seine Ausdrucksmöglichkeiten wesentlich erweitert. Dennoch ist der Yorkshire-Terrier in erster Linie »Hund«, das heißt, ein Nachkomme des Stammvaters Wolf mit allen arttypischen Wahrnehmungs- und Ausdrucksweisen.

Die Sinneswahrnehmungen

<u>Der Geruchssinn:</u> Das wichtigste Sinnesorgan für den Hund ist seine Nase. Hochsensibel und mit einem gut ausgebildeten Geschmackssinn verbunden, vermittelt sie ihm den Hauptteil seiner Wahrnehmungen – daher sein Bestreben, überall zu schnüffeln und zu schnuppern. Manchmal streckt er auch die Nase in die Luft und nimmt von dort Gerüche auf. Es ist bemerkenswert, welche Informationen der Geruchssinn dem Yorkie liefert: Er erkennt, ob Sie traurig, wütend oder ängstlich sind, welche Hunde vor ihm am Laternenpfahl waren, und er kann einer Fährte folgen. Natürlich erkennt er auch Ihren spezifischen Geruch sehr genau. Deshalb sollten sie, sobald Ihr Hund neu zu Ihnen kommt, das erste halbe Jahr Ihrem »Duftbild« treu bleiben und nicht unbedingt das Parfüm oder die Seifenmarke wechseln. So kann sich der Kleine Ihren Geruch wirklich einprägen und erkennt Sie anfangs an solchen für Sie vielleicht unwesentlichen Dingen.

<u>Der Geschmackssinn:</u> Bisher weiß man über den Geschmackssinn der Hunde lediglich, dass er eng mit dem Geruchssinn verbunden ist. Die Vorliebe für eine bestimmte Futtersorte wird sicher von deren Geruch beeinflusst. Das Geschmacksorgan Zunge hat zusätzlich zwei Funktionen für den Hund: Einmal ermöglicht ihre Beweglichkeit die Aufnahme von Flüssigkeit und zum zweiten verschafft sie dem Hund beim Schwitzen Abkühlung. Ein Hund besitzt so gut wie keine Schweißdrüsen und gibt verdunstetes Wasser durch hechelndes Atmen ab.

<u>Das Hecheln:</u> Bei Aufregung und nach körperlicher Anstrengung lassen Hunde ihre Zunge aus dem Maul hängen. Typisch für den Yorkshire-Terrier ist es, dabei die Zunge einzurollen.

<u>Das Sehvermögen:</u> Der Hund ist von Natur aus weitsichtig, also vorwiegend auf das optische Erfassen von Bewegungen eingestellt. Um exakt festzustellen, was er erspäht hat,

braucht er seinen Geruchs- oder Gehörsinn. Obwohl der Yorkshire-Terrier ein wesentlich größeres Gesichtsfeld als der Mensch hat, ist es im Vergleich zu anderen Hunderassen eingeschränkt:
Der üppige Haarwuchs behindert seine Sicht. Ein Windhund zum Beispiel kann durch seinen schmalen Kopf und die seitlich liegenden Augen sogar nach hinten sehen. Ein Yorkshire-Terrier muss dafür sein Köpfchen wesentlich häufiger drehen.
Weil Hunde eine Reflexschicht im Augenhintergrund besitzen, fällt ihnen das Sehen in der Dämmerung leichter als dem Menschen.

Das Hörvermögen: Hunde haben ein besonders feines Gehör. Ihr Hörvermögen ist wesentlich größer als das des Menschen. Menschen können etwa 16 000 bis 20 000 Schallschwingungen pro Sekunde wahrnehmen, Hunde etwa 70 000 bis 100 000.
Daher können sie sehr leise Geräusche über große Entfernungen und Töne im Ultraschallbereich, die für den Menschen nicht mehr wahrnehmbar sind, hören. Wundern Sie sich deshalb nicht, wenn Ihr Yorkie unruhig wird oder bellt, obwohl scheinbar nichts passiert. Es kann sein, dass er das Familienauto, das er übrigens auch am spezifischen Motorengeräusch erkennt, schon lange vor Ihnen wahrgenommen hat.
Beobachten Sie auch einmal das Ohrenspiel Ihres Yorkies. Er hat 17 Muskeln, um seine Stehohren zu bewegen und Geräusche aus allen Richtungen zu sondieren. Die Ohrenstellungen sind aber auch Ausdruck von Gemütsbewegungen.

Der Tastsinn: Der einzige Sinn, der sich nicht wesentlich vom Menschen unterscheidet, ist der Tastsinn.

Über den gesamten Körper des Hundes sind Tastnerven verteilt, die vor allem Berührungsreize wahrnehmen. Deswegen lässt er sich so gerne kraulen und streicheln. Die empfindlichsten Zonen sind:
Nasenschwamm (auch als Nasenspiegel bezeichnet), Lefzen, Zunge und Pfotenballen. Deshalb sind Verletzungen im Ballenbereich für den Hund sehr unangenehm. Aus diesem Grund sollte man die Pfotenpflege im Winter aufgrund von Streusalz nicht vernachlässigen.

Rassetypische Verhaltensweisen

Seit 12 000 Jahren ist der Hund Haustier des Menschen, hat sich ihm angepasst und untergeordnet. Trotzdem hat er noch viele seiner wölfischen Eigenschaften beibehalten, die sich in einem gemeinsamen Grundverhalten äußern.

Die Lautsprache

Jeder Hund hat ein reiches Repertoire an Lautäußerungen. Fiepsen, Winseln, Knurren, Brummen, Bellen sind nur einige Laute, die durch Zwischentöne reich differenziert werden. Wenn Sie gut hinhören, können Sie im Laufe der Zeit erkennen, was die unterschiedlichen Laute Ihres Yorkies bedeuten. Die Körpersprache wird Ihnen dabei helfen.

Wichtig ist, wie Sie als Besitzer auf die Sprache Ihres Hundes reagieren. Auf eine freudige, von aufgeregtem Bellen begleitete, manchmal stürmische Begrüßung hin, werden Sie Ihrem Hund ebenfalls etwas sagen oder ihn streicheln und damit beruhigen.

Die Körpersprache

Die Signale der Ohren: Die Ohren sind – neben der Rute – das wichtigste »Gefühlsbarometer« Ihres Hundes. An ihrer Stellung können Sie seinen Gemütszustand erkennen. Am typischsten für den Yorkshire-Terrier und ganz seinem Wesen entsprechend sind aufgestellte, »gespitzte« Ohren. Sie bedeuten Selbstsicherheit, Aufmerksamkeit und Wachsamkeit. Hellwach und neugierig verfolgt ein Yorkshire-Terrier auf diese Weise die Bewegungen seiner Besitzer, um sofort zu Spiel, Spaziergang oder Fressen bereit zu sein. In höchster Erregung, zum Beispiel bei Ihrem Griff zur Leine, legt er zudem sein Köpfchen schief, als wolle er fragen »Wann geht's endlich los?«.

In eine bestimmte Richtung gestellte Ohren zeigen, dass der Hund dort ein interessantes Geräusch wahrnimmt.

Seitlich oder nach hinten angelegte Ohren bedeuten Skepsis und Unsicherheit, drohendes Knurren Aggressionslust.

Die Signale der Rute: In vielen Ländern ist das Kupieren der Rute verboten. Ob kupiert oder nicht, die Yorkie-Rute hat viel Aussagekraft. Das bekannteste Zeichen ist wohl das Wedeln als Ausdruck einer freudigen Begrüßung. Bei vielen Hunden bewegt sich bei dieser Zeremonie das ganze Hinterteil in schlängelnden Bewegungen mit. Eine locker getragene, nicht angepresste Rute drückt ein Gefühl der Zufriedenheit aus, nach oben gerichtet bedeutet sie erhöhte Aufmerksamkeit bis Erregung.

Bei Spielsituationen ist dies ganz typisch: Der Yorkie steht vor Ihnen, die Beinchen in den Boden gestemmt, Ohren aufrecht, und wartet, bis das Bällchen endlich Ihre Hand verlässt, damit er ihm nachjagen kann. Eine eingezogene Rute des Hundes signalisiert Angst und Unsicherheit. Wenn er dazu den Kopf senkt, bedeuten diese Verhaltensmuster ein Schuldbewusstsein.

Das Markieren und Schnüffeln

Viele Eltern erzählen ihren Kindern vereinfachend, dass sich Hunde durch Urinieren an Baumstämme, Pfosten oder Pfähle Briefe schreiben. Auf eine gewisse Weise stimmt das – Rüden heben instinktiv an diesen Stellen ihr Bein, um ihr Revier zu markieren. Sie hinterlassen damit eine eigene »Visitenkarte« und überdecken die Duftmarke ihres Vorgängers. Dass Ihr Hund deshalb beim Spaziergang ausgiebig schnüffelt, um ja keine Duftmarke zu verpassen, müssen Sie tolerieren – es stärkt sein Selbstbewusstsein. Man sollte ihn aber nicht in Tümpeln, Pfützen, Gräben oder gar Kadavern herumschnüffeln lassen – dabei können gefährliche Krankheitserreger übertragen werden.

Hündinnen markieren normalerweise nicht, interessieren sich aber auch für die verschiedenen Duftbotschaften der Rüden, besonders in den Zeiträumen vor und während der Hitze. Ein eigenes Revier, das sie markieren müssten, beanspruchen sie nicht. Deshalb gehen sie meist nur in die Hocke, um ihre Blase zu entleeren.

Der Kontakt mit Artgenossen

Es ist immer schwer vorhersehbar, wie eine Hundebegegnung verläuft. Es hängt vom Geschlecht der sich Begegnenden und ihrer Charakterfestigkeit ab. Gesunde, artgerecht gehaltene Hunde reagieren naturgemäß.

Der Ablauf ist dabei genauestens geregelt. Haben Hunde nie die Möglichkeit zu einem Kontakt mit Artgenossen, können sie diese Regeln nie erlernen. Lassen Sie deshalb Ihren Yorkie schon im Welpenalter mit anderen Hunden zusammenkommen. Er lernt dabei nicht nur, wie er sich hundegerecht zu benehmen hat, sondern erfährt jedes Mal wieder aufs neue seine soziale Einstufung. In dieser Zeit kann ihm auch am wenigsten passieren. Es ist ein Naturgesetz unter Hunden, Jungtiere nicht zu beißen – vorausgesetzt, der ältere Hund ist nicht verhaltensgestört.

Treffen Sie bei einem Spaziergang auf einen großen Hund, sollten Sie vorsorglich dessen Besitzer nach dem Verhalten seines Tieres fragen. Im Zweifelsfall lassen Sie die Begegnung nicht zu und nehmen Ihren Yorkie vorsichtshalber auf den Arm.

Wichtig: Es ist traurig, aber leider häufig zu beobachten, dass sich Besitzer größerer Hunde einen Sport daraus machen, diese auf kleine Hunde zu hetzen. Diese Handlungsweise ist uns völlig unverständlich. Andererseits wird so mancher größere Hund durch das Verhalten des Yorkies gereizt – sei es durch erregtes Bellen oder vorlautes, freches Benehmen – er fühlt sich trotz seiner Kleinheit übermächtig. Sie sollten Ihren Yorkie in all den genannten Situationen auf jeden Fall auf den Arm nehmen.

Ohne Eingriffe der Besitzer laufen die Hundebegegnungen im wesentlichen nach folgenden Regeln ab:

Der Nasenkontakt ist die erste Begrüßung der Hunde. Sie beschnuppern sich kurz an der Nase und stellen dabei fest, ob sie sich »riechen« können, also sich sympathisch finden.

Die Analkontrolle folgt anschließend. Die beiden Hunde beriechen sich gegenseitig am Hinterteil. Wissenschaftler nennen diese Zone unter der Rute »Analgesicht«, denn die dort liegenden Analdrüsen geben einem Hund Auskunft über den anderen.
Rüden heben danach sofort das Bein, damit ihr Artgenosse zusätzlich ihre Duftmarke aufnehmen kann. Bei diesem Ritual zeigt sich sehr bald, wie groß das Interesse aneinander und wer der Ranghöhere ist.

Die Rangordnung, die soziale Einstufung der Hunde, ist vor allem für die Begegnung gleichgeschlechtlicher Hunde wichtig. Sie ist zwar schon durch die Analkontrolle geklärt, doch manchmal kommt es zu Kämpfen, um sie endgültig festzulegen. Der Schwächere legt sich nach einer meist kurzen Rauferei auf den Rücken und bietet dem Sieger seine Kehle dar. Nach dieser Unterlegenheits- oder Demutsgebärde lässt der Stärkere sofort von ihm ab. Vor allem unter Jungtieren werden solche Rangordnungskämpfe geführt, die wir oftmals als reine Spiel- und Spaß-Aktion betrachten.

Diese zur Arterhaltung wichtigen Verhaltensweisen zeigen, wie schon gesagt, alle normalen Hunde. Überzüchtete, falsch behandelte und deshalb verhaltensgestörte Hunde jedoch reagieren anders, sie halten sich nicht an die naturgegebenen Hunderegeln und beißen hin und wieder sogar Welpen – was ein normal entwickelter Hund niemals tut.

Das Graben und Scharren

Vielleicht haben Sie auch schon einmal beobachtet, wie Ihr Yorkie Futterreste oder Spielzeug im Garten vergraben hat, um es später wieder auszubuddeln. Dieses ebenfalls aus der wölfischen Vergangenheit überlieferte Verhalten hatte den Sinn, Futterreserven zu schaffen und Fleisch reifen zu lassen. Oft war das Überleben der Tiere von diesen Vorräten abhängig. Scharrt Ihr Hund in seiner Schlafhöhle und dreht sich dabei mehrmals im Kreis, möchte er sich eine Kuhle zum Hineinkuscheln bauen. Auch diese Handlungsweise ist eine Gewohnheit aus weit zurückliegender Zeit. Um sich ein Ruhelager zu bereiten, mussten die wilden Vorfahren der Hunde das hohe Gras zu einer Mulde zusammentreten. Gleichzeitig diente das Drehen als Rückengymnastik, um die Wirbelsäule auf die gekrümmte Schlaflage vorzubereiten.

Das Baden: Wenn das Shampoo gut herausgespült ist (oben links), wird der Yorkshire-Terrier sanft abgetrocknet (oben rechts). Anschließens wird das Haar vollständig trockengeföhnt (unten links) und zum Schluss noch einmal gründlich durchgebürstet (unten rechts). Das Haar wird glatter, wenn man bereits während des Föhnens die Bürste zuhilfe nimmt – immer zügig von oben nach unten.

Die Pflege des Yorkshire-Terriers

Wir beschränken uns in diesem Kapitel auf die wichtigsten, alltäglichen Pflegemaßnahmen, die der Hygiene und Schönheit Ihres Yorkies dienen. Voraussetzung für die richtige Haarpflege ist jedoch, dass er ein seidiges, standardgemäßes Haar hat. Bei wolligem und wattigem Haar hilft meist nur der Besuch beim Hundefriseur – es ist dann eine Pflege fast so wie beim Pudel.

Wer mit seinem Hund an Ausstellungen teilnehmen will, findet spezielle, zusätzliche Pflegeanleitungen ab Seite 73 (vieles davon kann auch für alle andern Yorkies nützlich sein).

Die Fellpflege

Das lange Haar des Yorkies erfordert einen besonderen Pflegeaufwand, den viele als problematisch empfinden. Sicher bereitet eine Kurzhaar-Rasse in dieser Hinsicht weniger Mühe. Andererseits werden Sie stolz sein, wenn das Fell des Kleinen so richtig in der Sonne glänzt.

Damit das Haar des Yorkies nicht verfilzt, muss es regelmäßig gekämmt und gebürstet werden. Nach einem Spaziergang oder wildem Herumtollen im Gras können sich darin Knötchen gebildet oder kleine Ästchen verfangen haben. Bei stark verfilztem Haar hilft nur noch, die betroffenen Stellen herauszuschneiden.

Das tägliche Kämmen und Bürsten

Dafür ist Voraussetzung, dass Ihr Yorkie ruhig vor Ihnen stehen bleibt. Die meisten Welpen sind schon von ihrem Züchter an die Pflegeprozedur gewöhnt. Andernfalls müssen Sie – gleich vom ersten Tag an – diesen Vorgang mit ihm üben. Stellen Sie den Kleinen auf einen Hocker oder niederen Tisch, der mit einer rutschfesten Unterlage versehen ist. Ein hoher Tisch ist deswegen ungeeignet, weil der Hund bei eventuellen Fluchtversuchen hinunterspringen und sich dabei verletzten kann. Er wird nämlich anfangs versuchen, dem unvermeidbaren Ziepen beim Kämmen zu entgehen und quietschen. Bitte halten Sie ihn dann fest und fahren Sie in Ihrer Arbeit fort. Nur so kann der Kleine erfahren, dass dem leichten Ziepen eine angenehme Massage folgt, die er als Wohltat empfinden wird.

Und so wird's gemacht:

Nachdem Sie verknotete Stellen vorsichtig mit den Fingern gelöst haben, fangen Sie bei den Haarspitzen mit dem Kämmen an. Halten Sie die Haare an der Wurzel mit einer Hand fest und kämmen Sie das untere Drittel durch, bis Sie keinen Widerstand mehr spüren. Verfahren Sie genauso mit dem zweiten Drittel, bis Sie schließlich die gesamte Länge von der Wurzel bis zur Haarspitze in einem Zug durchkämmen können. Danach bürsten Sie den Yorkie ausgiebig, das massiert die Haut, fördert die Durchblutung und entfernt lose Haare. Diesen Teil der Pflege wird der Hund genießen.

Wie immer, benötigt man das richtige »Werkzeug«: Ein – wenn möglich – antistatischer Kamm und eine Drahtstiftbürste mit weicher Polsterung *ohne* Noppen (→ Shop, Seite 79).

Vergessen Sie nicht den Bart des Yorkies:

Bart und Schnauzenpartie sollten nach jeder Fütterung mit einem feuchten Schwamm von Essensresten befreit und anschließend ausgekämmt werden.

Unser Tipp: Es gibt für die Yorkie-Pflege ein spezielles Spray (→ Adresse, Seite 79). Wenn Sie das Haar während dem Kämmen und Bürsten leicht damit einsprühen, bleibt es geschmeidig und bricht nicht ab.

Das Haar in Form bringen

Der Scheitel: Da das Haar zu beiden Seiten herunterhängen soll, ziehen Sie schon beim Welpen mit einem geeigneten Kamm vorsichtig einen Scheitel vom Nasenrücken bis zum Rutenende.

Der »Top-Knot«: Das lange Kopfhaar benötigt eine besondere Behandlung: Damit es dem Hund nicht in die Augen hängt, wird es oben am Kopf zu dem sogenannten »Top-Knot« zusammengebunden. Ziehen Sie dazu auf jeder

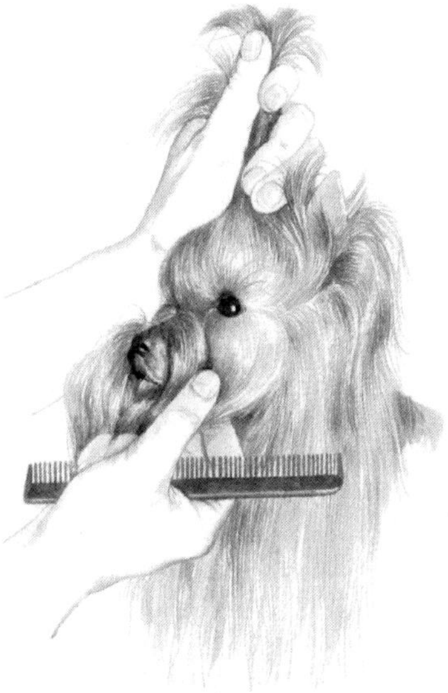

Schopfhaar zusammenbinden: Zuerst muss das Haar sorgfältig auf beiden Seiten vom Auge zum Ohr hin gescheitelt und hochgezogen werden, dann kann man die Strähne mit einem Gummiring und einer Spange zusammenhalten.

Seite einen Scheitel vom Augenwinkel bis zum Ohr und fassen Sie das oberhalb dieser beiden Scheitel befindliche Haar zusammen. Binden Sie es nun wie einen Pferdeschwanz mit einem Gummiring und einer Plastikspange zusammen. Auch ein Schleifchen kann man einbinden, doch dies dürfte anfangs noch zu mühsam sein. Es gibt jedoch fertige Schleifchen, die auf einer Metall- oder Plastikspange angebracht sind. Gummiringe und Spangen erhalten Sie im speziellen Versandhandel. Seien Sie behutsam und ziehen Sie nicht zu stramm. Passen Sie auch auf, dass Sie die Kopfhaut nicht mit einklemmen, sonst kann sich zwischen den Ohren eine kahle Stelle bilden, die manche dann für Hautpilz oder Haarausfall halten. Achten Sie bei allen Arbeiten am Kopf darauf, die Augen Ihres Yorkies nicht zu verletzen.

Mein Tipp: Nicht jeder Yorkie hat ein standardgemäßes Haar. Je weicher und wolliger es ist, desto schwieriger wird die Pflege. Sie können in diesem Fall, oder wenn Sie so wenig Pflegeaufwand wie möglich betreiben wollen, Ihrem Yorkshire-Terrier eine »Kurzhaarfrisur« verpassen. Schneiden Sie ihm dazu einen frechen Pony und kürzen Sie die Körperhaare auf mittlere Beinlänge (→ Zeichnung Seite 5 und Foto Seite 45).

Das Baden

Schon im Welpenalter – also etwa ab der 10. bis 12. Woche – können Sie beginnen, Ihren Yorkie mindestens alle ein bis drei Wochen vorsichtig zu baden. Für andere Hunderassen mag die Regel gelten, die Tiere nur selten zu baden; der Yorkshire-Terrier hat jedoch eine Haarstruktur, die der des Menschen ähnelt, und ist dementsprechend zu pflegen, also immer dann, wenn Sie es für notwendig erachten.

Durch Verwendung spezieller rückfettender Shampoos wird ein Austrocknen von Haut und Haar verhindert. Bitte nehmen Sie keinesfalls ein Shampoo, wie Sie es für sich selbst benutzen, da die menschliche Haut einen anderen ph-Wert hat. Auch Shampoos und Spülungen, auf denen ein Yorkie-Bildchen abgebildet ist, muss nicht unbedingt geeignet sein.

Es gibt deshalb im speziellen Versandhandel Shampoos und auch andere Pflegeprodukte, die auf den Yorkshire-Terrier abgestimmt sind.

Das Haar des Yorkies sollte bereits durchgekämmt sein, bevor Sie mit dem Baden beginnen, Knötchen lassen sich aus nassem Haar nicht so leicht entfernen.

...und so wird's gemacht:

Verschließen Sie die Ohren des Yorkies mit Watte. Duschen Sie den Hund bei einer handwarmen Wassertemperatur ab. Sobald er ganz durchnässt ist, massieren Sie das Shampoo leicht ein (Bauch nicht vergessen!). Achten Sie darauf, dass sich das Haar dabei nicht verknotet. Danach spülen Sie gründlich aus und tragen eine spezielle Spülung auf, die Sie ein bis zwei Minuten einwirken lassen. Duschen Sie den Kleinen dann noch einmal gründlich ab und trocknen das Haar mit einem Handtuch vor. Vermeiden Sie es, zu rubbeln, sondern drücken Sie das Handtuch immer wieder sanft gegen den Körper.
Anschließend wird der Kleine trockengeföhnt (Föhn nicht zu heiß einstellen), wobei Sie einzelne Haarsträhnen über die Bürste ziehen. Das Haar wird dadurch glatter.

Mein Tipp: Wenn Sie im Umgang mit dem Föhn noch ungeübt sind, können Sie auch einen kleinen Heizlüfter aufstellen und Ihren Hund in sicherer Entfernung trockenbürsten. Aber bitte äußerste Vorsicht, damit das Haar nicht zu nahe an die Heizspiralen kommt.

Wichtig: Ihr Yorkie muss völlig trocken sein, bevor er wieder nach draußen gehen darf.

Wenn der Yorkie Schuppen hat

Schuppen entstehen durch zu trockene Haut. Austrocknen kann die Haut durch die Verwendung ungeeigneter Pflegemittel oder durch eine Fußbodenheizung. Sie können in diesem Fall mit einem Spezialshampoo (erhältlich im Fachhandel) Abhilfe schaffen. Bei hartnäckigen Schuppen kann es sich auch um »Floh-Abfall« (Floh-Kot) oder Haarmilben handeln. Fragen Sie Ihren Tierarzt oder melden sich bei einem sehr guten Hundesalon an.

Die Pflege der Augen und Ohren

Die Augen: Vor allem nach dem Schlaf sammelt sich in den Augenwinkeln ein Sekret, das Sie vorsichtig mit einem angefeuchteten, weichen Papiertaschentuch entfernen können. Die Augenumgebung säubert man mit einem entsprechenden Pflegemittel. Kontrollieren Sie die Augen des Yorkies auch täglich auf Fremdkörper hin (evtl. ein Staubkorn oder Haar usw.), was zu Reizungen und Entzündungen führt. Entfernen Sie diese mit einem Tuch, und träufeln Sie anschließend Augentropfen zur Beruhigung in das Auge.

Die Ohren: Die im äußeren Gehörgang wachsenden Haare sollten Sie von Zeit zu Zeit mit den Fingern auszupfen. Falls Sie das nicht können, gehen Sie zum Tierarzt. Die Verwendung einer Schere ist für diesen Zweck zu gefährlich. Bei starker Verschmutzung können Sie den äußeren Teil des Ohrs mit einem weichen, angefeuchteten Tuch auswischen. Aber bitte nur den äußeren Teil. Vermeiden Sie es, mit Wattestäbchen im Gehörgang herumzustochern. Um den üppigen Haarwuchs an den Ohren etwas einzugrenzen, empfiehlt es sich, etwa das obere Drittel mit einem Spezial-Trimmer abzurasieren (→ Seiten 73 und 79).

Wenn Sie diese Pflegemaßnahme bereits ab dem Welpenalter durchführen, kommt es weniger leicht zu Kippohren. Während des Zahnwechsels lassen viele Yorkies das eine oder andere Ohr wieder hängen. Durch Abrasieren der Haare an den Ohrrändern und außen sowie oftmaliges Massieren unter Zuhilfenahme eines Hautreinigers regt man die Durchblutung und gleichzeitig die Ohrmuskulatur an.

Die Zahnpflege

Zu Beginn des Zahnwechsels (ab etwa dem 5. Lebensmonat) sollten Sie das Gebiss Ihres Yorkies regelmäßig kontrollieren. Beim Yorkshire-Terrier wie bei vielen anderen Kleinhunderassen wachsen oft die zweiten Zähne, ohne dass die Milchzähne ausfallen. Sie stehen dann neben- oder hintereinander. Lassen Sie die Zähne rechtzeitig vom Tierarzt ziehen. Achten Sie aber darauf, dass er nicht bereits die zweiten Zähne zieht (das ist leider auch schon vorgekommen).

Eine weitere Besonderheit bei Kleinhunderassen ist, dass sie anfälliger gegen Zahnstein sind. Um eine Zahnsteinbildung zu verhindern, sollten die Zähne etwa einmal wöchentlich gereinigt werden. Gewöhnen Sie Ihren Yorkie schon im Welpenalter an die Behandlung – also bereits von dem Moment an, wenn er bei Ihnen »einzieht«.

Und so wird's gemacht: Heben Sie die Lefzen hoch und reinigen Sie die Zähne mit einem weichen Lappen und einer – ebenfalls im speziellen Fachhandel erhältlichen – Lotion oder eines Sprays (Backenzähne nicht vergessen). Auch zur Verwendung einer Kleinhunde-Zahnbürste ab dem frühesten Alter kann man raten – dazu gibt es die geeignete Hundezahnpaste mit Fleischgeschmack.

Für die härteren Zähne des ausgewachsenen Yorkies geben Sie zusätzlich eine Messerspitze Schlämmkreide (aus der Apotheke) auf einen angefeuchteten Wattebausch und polieren sie damit.

Hartnäckiger Zahnstein kann vom Tierarzt unter Narkose durch Ultraschall entfernt werden. Unbehandelter Zahnstein kann Zahnfleischentzündungen verursachen. Auch kann der Yorkie dadurch schon in einem relativ frühen Lebensalter schlechte Zähne bekommen oder eventuell auch verlieren.

Die Pflege der Pfoten

Nach jedem Spaziergang müssen die Pfoten gründlich auf Steine, Dornen oder Splitter untersucht und von diesen Fremdkörpern befreit werden. Sie können schmerzen und Entzündungen oder Verletzungen hervorrufen. Offene kleine Wunden behandeln Sie mit einem Desinfektionsspray aus der Apotheke, bei größeren Verletzungen müssen Sie zum Tierarzt.

Die Krallen werden bei Kleinhunden häufig zu lang, da sie meist zu wenig Bewegung auf natürlichem Boden haben. Sie behindern den Yorkie dann beim Laufen. Die Krallen sollten etwa alle sechs bis zehn Wochen geschnitten werden. Überlassen Sie das Krallenschneiden

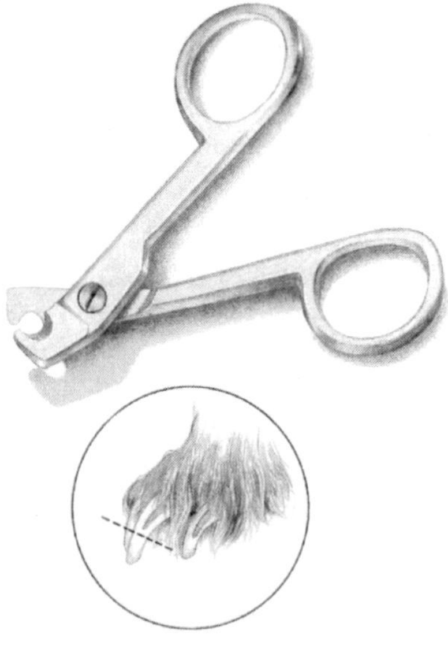

Das Krallenschneiden sollte erst nach einer sorgfältigen Einweisung vorgenommen werden. Nervenenden und Blutgefäße (unten) sind durch die schwarzen Krallen nicht sichtbar und können so leicht verletzt werden. Eine kleine Krallenschere sehr guter Qualität (oben) ist das richtige Instrument dazu.

zumindest die ersten Male einem Fachmann, zum Beispiel dem Tierarzt, oder gehen Sie zu den Service-Abenden der Yorkshire-Vereine. Dort wird man Sie anlernen und kann Ihnen sagen, wann die Krallen zu lang sind – zu leicht erwischt man als Laie die Blutgefäße, die aufgrund der schwarzen Krallen nicht sichtbar sind. Eine Blutung kann sehr lange dauern, besorgen Sie deshalb ein geeignetes Blutstillungsmittel, zum Beispiel einen blutstillenden Stift aus der Apotheke.

Pflegetipps für den Winter

▷ Schneiden Sie die Haare zwischen den Ballen vorsichtig ab, damit sich dort keine Eisklümpchen bilden können. Verwenden Sie dazu eine Schere mit abgerundeter Spitze, die Verletzungsgefahr ist sonst zu groß.

▷ Reiben Sie die Ballen des Hundes vor dem Winterspaziergang mit Vaseline, Hirschtalg ein oder verwenden ein spezielles Pfotenspray, um sie vor Streusalz zu schützen. Nach dem Spaziergang sollten die Pfoten mit lauwarmem Wasser gereinigt, abgetrocknet und leicht mit Fett eingerieben werden.

▷ Wieder zu Hause, befreien Sie den Yorkie von Schneeklümpchen und föhnen ihn trocken. Er kann sich sonst erkälten.

▷ Ein gesunder Yorkshire-Terrier braucht kein Mäntelchen als Winterschutz. Aber bei Regen und Schnee ist es doch ganz praktisch. Sie ersparen sich damit das aufwendige Trockenföhnen und zum anderen bleibt der Schnee dann nicht zu sehr im Haar hängen um dann eventuell noch zusätzlich zu Eiskügelchen zu verklumpen.

Im speziellen Fachhandel (→ siehe Seite 79) gibt es mittlerweile eine große Auswahl an Regen- und Winterschutz-Mäntelchen oder Pullover. Lassen Sie sich nicht beirren – wenn Sie meinen, dass es für Ihren Hund von Vorteil ist und er sich nicht zu sehr dagegen wehrt. Ihm ist es vollkommen egal, was andere Menschen darüber denken, ein »Hund« bleibt er trotz allem. Aber bitte keine Übertreibungen, die ihn einengen könnten.

Das Säubern des Hinterteils

Beim Yorkshire-Terrier ist die Säuberung der hinteren Körperpartie besonders wichtig, damit keine Kotreste in den langen Haaren hängen bleiben. Am besten nehmen Sie dazu einen feuchten Lappen.

Wenn der Hund mit dem Hinterteil am Boden entlang rutscht (man nennt dies »Schlittenfahren«), sind meist die Analdrüsen überfüllt und verstopft. Lassen Sie sie in diesem Falle vom Tierarzt ausdrücken. »Schlittenfahren« kann aber auch – in selteneren Fällen – ein Zeichen für Wurmbefall (→ Seite 57) sein. Lassen Sie die Diagnose auf jeden Fall von Ihrem Tierarzt stellen.

Im Gegensatz zu der Zeichnung auf Seite 5, wo man das Haar des Yorkies zwar kürzer geschnitten hat, ist es hier noch pflegeleichter. Manche Yorkiebesitzer schneiden das Haar insbesonders im Sommer auf diese Art – es wächst schnell wieder nach.

Die Ernährung des Yorkshire-Terriers

Eine gesunde Ernährung ist die Grundvoraussetzung für einen gesunden Hund. Jeder Hund braucht eine artgerechte Nahrung, das heißt die Grundnährstoffe Eiweiß, Fett und Kohlenhydrate sowie Vitamine und Mineralstoffe – das alles natürlich in der richtigen Menge und genau aufeinander abgestimmt. Auf keinen Fall ist ein Hund ein Resteverwerter, der von Speiseresten – und seien sie noch so hochwertig – leben sollte.

Der Futterplatz

Neben dem Schlafplatz benötigt Ihr Yorkie einen Platz, an dem er ungestört seine Mahlzeiten einnehmen kann. Weisen Sie ihm diesen von Anfang an zu, er stellt einen wichtigen Eigenbereich für ihn dar. Am besten eignet sich eine ruhige Stelle in der Küche dafür, da der Boden dort leicht zu reinigen ist. Auch wenn Ihr Yorkie manierlich aus seiner Schüssel isst, kann immer etwas danebenfallen.

Wichtig: Am Futterplatz muss immer eine Schüssel mit frischem, nicht zu kaltem Wasser (Leitungswasser) bereitstehen. Denken Sie daran, Ihr Hund trinkt nur, wenn er Durst hat. Deshalb muss er zu diesen Zeiten auch etwas Trinkbares vorfinden.

Die Fütterungszeiten

Sie sollten Ihren Yorkie an feste Fütterungszeiten gewöhnen und die Anzahl der Mahlzeiten seinem Alter anpassen:

Welpen bis zum Alter von 2 Monaten werden bis fünf mal täglich gefüttert – morgens nach dem Aufstehen, vormittags, am frühen Mittag, nachmittags und am frühen Abend.

Vom 2. bis zum 5. Lebensmonat bekommen die Welpen drei Mahlzeiten – morgens, mittags und vor dem Abendspaziergang.

Ab dem 6. Lebensmonat erhalten die Hunde zwei oder drei Mahlzeiten täglich. Sie können am späten Vormittag und am frühen Abend gegeben werden. Hundekuchen zwischendurch ist erlaubt, sofern dadurch nicht die Tagesration überschritten wird.

Bart kämmen: Nach dem Füttern sollten die Barthaare des Yorkies mit einem feuchten Tuch von Essensresten befreit und durchgekämmt werden.

Die Futtermengen

Je nach Alter, Größe, körperlicher Beanspruchung und der individuellen Futterverwertung braucht ein Yorkshire-Terrier unterschiedliche Futtermengen.

Als Annäherungswert: Ein erwachsener Yorkshire-Terrier von ca. 2 bis 3 kg Gewicht benötigt täglich ca. 100 Gramm Fleisch (empfehlenswert ist Rind) mit etwa 30 bis 50 g Hundeflocken, das entspricht ca. 315 Kilokalorien.

Grundsätzlich gilt: Wenn der Hund Reste in der Schüssel übrig lässt, war die Portion zu groß. Wenn er hastig frisst und seinen Napf noch lange nach der Futteraufnahme ausschleckt, war sie zu knapp bemessen. Kontrollieren Sie, ob Ihr Yorkie dünner wird oder zu sehr zunimmt. Das können Sie an den Rippen kontrollieren: Wenn sie nicht mehr zu fühlen sind, ist der Hund zu dick; wenn sie aber zu stark hervortreten, zu dünn.

Wie Sie Ihren Yorkie ernähren können

Laut Forschungsberichten soll sich die ideale Hundenahrung so zusammensetzen:
30% Eiweiß, 5% Fett, bis zu 5% Rohfaser (Ballaststoffe) und höchstens 50% Kohlenhydrate. Hinzu kommen 2% Kalzium und Phosphor. Dieses Verhältnis gilt für alle Hunde und entspricht der Ernährung des gemeinsamen Verfahrens aller Hunde, des Wolfes. Die Beutetiere des Wolfes, die er mit Haut und Haar verschlingt, liefern ihm alle lebensnotwendigen Nährstoffe. Der Eiweißbedarf wird zum Beispiel durch das Muskelfleisch abgedeckt, die Kohlenhydrate werden vom Darminhalt geliefert, die Mineralien vom Blut des Opfers. Die Haare und Federn üben eine darmreinigende Wirkung aus. Ein Hund, der nicht mit natürlichen Beutetieren in Berührung kommt, reguliert Darmverstimmungen durch Fressen von Gras.

Fertignahrung

Bei der Verwendung von Fertigfutter können Sie sicher sein, dass Ihr Hund eine ausgewogene und sehr gute Nahrung erhält. Sie ist wissenschaftlich exakt zusammengesetzt und unterliegt laufenden Kontrollen. Das Futtermittelgesetz ist sogar strenger als das Lebensmittelgesetz, auch muss auf jeder Packung der Inhalt angegeben sein. Beachten Sie jedoch bei jedem Einkauf unbedingt das aufgedruckte Haltbarkeitsdatum.

Man unterscheidet drei verschiedene Arten von Fertigfutter:

Dosenfutter, auch Nassfutter genannt – es hat einen Wassergehalt von 70 % – ist in den verschiedensten Geschmacksrichtungen erhältlich. Es besteht aus einer Mischung von Muskelfleisch, Pansen, Herz, Leber und Lunge mit Getreide wie Reis, Gerste, Hafer, Weizen oder Mais. Dazu kommen die notwendigen Vitamine und Mineralien. Obwohl als Vollwertfutter bezeichnet, sollte man auf gesunde Beikost wie z. B. Reis, Gemüse oder Getreideflocken nicht verzichten.

Halbfeuchtfutter, ebenfalls Vollnahrung, ist wesentlich konzentrierter und damit energiehaltiger als Dosenfutter. Der Feuchtigkeitsgehalt ist auf 25 % reduziert, sodass diese Art von Futter großen Durst erzeugt – also auch hier immer frisches Wasser bereitstellen.

Trockenfutter ist durch den Entzug von Wasser noch konzentrierter und besonders haltbar. Der Feuchtigkeitsgehalt beträgt nur noch 10%. Auch hier ist wichtig, dass Ihr Yorkie Wasser dazu trinkt, sonst werden die Nieren zu sehr belastet. Aus diesem Grund sollte man bei älteren Hunden auf Halbfeucht- und Trockenfutter verzichten (Ausnahme: Hundeflocken). Wir haben z. B. mit dem Trockenfutter von »Royal Canin« (RC Mini Junior und RC Yorkie Mini) sehr gute Erfahrungen gemacht – auch bei den Produkten für ältere Hunde.

Um den Hund an unterschiedliches Futter zu gewöhnen, kann man ihm abwechselnd anstatt Nassfutter gepresstes Trockenfutter in Form von kleinen »Brocken« geben (jedoch immer frisches Wasser bereitstellen!).

Selbstgemachtes

Die Fütterung mit selbst zubereiteter Nahrung ist zeitraubender, doch immer wieder eine willkommene Abwechslung im Speiseplan des des Hundes. Natürlich müssen Sie darauf achten, dass Ihr Yorkie alle wichtigen Nähr- und Aufbaustoffe erhält. Bitte denken Sie daran, und wenden Sie eigene Ernährungsgrundsätze – wenn Sie zum Beispiel Vegetarier sein sollten – nicht auf den Hund an. Ein Hund braucht Fleisch als Grundlage, es sichert seine Eiweißversorgung. Eine vollwertige Mahlzeit sollte zu einem Drittel aus Fleisch und zu einem Drittel aus Pflanzenkost mit zusätzlichen Wirkstoffen bestehen.

Fleisch sollte nie roh verfüttert werden. Zu groß ist die Gefahr einer Infektion mit Salmonellen, einer Parasitenübertragung oder der Aujeszkyschen Krankheit. Vor allem Schweinefleisch kann diese Viren enthalten.

▷ Kochen oder dämpfen Sie deshalb Fleisch immer, aber nur kurz, damit die Wirkstoffe darin enthalten bleiben.

▷ Braten Sie es jedoch niemals in Fett.

▷ Warten Sie, bis sich das Fleisch auf eine lauwarme Temperatur abgekühlt hat, bevor Sie es verfüttern.

▷ Schneiden Sie die Fleischstücke klein, dann sind sie leichter verdaulich.

Rindfleisch, gehackt oder in kleinen Stückchen, ist besonders nahrhaft, Sie können jedoch auch Geflügel, Fisch, Wild und Innereien wie Herz, Leber oder Niere verwenden. Die beiden letzteren bitte nicht zu häufig füttern, es sind Filterorgane, die Schadstoffe enthalten können, außerdem verursacht zuviel Leber Durchfall. Schweinefleisch sollten Sie ebenfalls nicht zu oft verfüttern, da es sehr fett ist.

Wichtig: Füttern Sie gekochtes Fleisch immer frisch. Zu altes, bereits verdorbenes Fleisch kann Krankheiten verursachen.

Pflanzenkost deckt den Bedarf an Kohlenhydraten und regt die Verdauung an. Als pflanzliche Futtermittel bieten sich an:
Getreideprodukte wie Haferflocken und gekochter Reis oder die speziellen Hundeflocken. Weichen Sie Hundeflocken laut Packungsaufschrift mit kaltem oder warmem Wasser auf. Sie dürfen nie mitgekocht werden, sonst gehen die darin enthaltenen Vitamine und Mineralstoffe verloren. Kleingeschnittenes Gemüse, wie zum Beispiel Karotten oder Zwiebeln und Obst, wie Äpfel und Bananen eignen sich ebenfalls. Probieren Sie aus, was Ihrem Yorkie besonders schmeckt. Steinobst darf wegen der Kerne und der schweren Verdaulichkeit nicht gegeben werden.

Wirkstoffe wie Vitamine, Mineralien und Spurenelemente sind für die Gesundheit Ihres Hundes unerlässlich. Sehr geeignet sind Präparate, die alle wichtigen Wirkstoffe enthalten. Sie sind in Tabletten- oder Tropfenform erhältlich. Lassen Sie sich hierzu von Ihrem Tierarzt oder einem erfahrenen Züchter beraten. Bei der Verwendung von Frischfutter ist es von Vorteil, täglich eine Messerspitze Kalzium und eine kleine Prise Salz beizumengen. Entgegen einem weit verbreiteten Glauben ist Salz für den Hund lebensnotwendig, er braucht es für die Nervenfunktionen.

Zusätzliche Kost sollte das Futter ergänzen. Magerquark zum Beispiel enthält viel tierisches Eiweiß und kann hin und wieder für eine Mahlzeit das Fleisch ersetzen.
Zweimal wöchentlich ein Eigelb sowie hin und wieder gehackte Kräuter (Petersilie ist sehr beliebt) und Knoblauch sind ebenfalls eine gute Ergänzung. Hartes Brot anstelle von Knochen ist nicht nur für das Gebiss des Kleinen gut, sondern fördert die Verdauung und dient als Kohlenhydratspender. Ab und zu ½ Teelöffel Sonnenblumenöl oder Schweineschmalz, deckt den Fettbedarf des Hundes.

Ungeeignetes Futter

Bitte achten Sie darauf, dass Ihr Yorkie auch von Fremden folgende Futtermittel nicht bekommt:

Knochen sind für die kleinen Zähnchen des Yorkshire-Terriers nicht zu empfehlen. Zur Reinigung der Zähne reichen Hundekekse aus. Besonders Wild- und Geflügelknochen sind gefährlich, da sie leicht splittern und damit innere Verletzungen verursachen können. Entfernen Sie also vor der Fütterung diese Knochen sorgfältig und verschließen Sie Ihren Mülleimer, damit Ihr Hund sich nicht selbst bedienen kann. Das Gleiche gilt für Fischgräten.

Gewürzte Speisen wie Wurst oder Essensreste sind unbekömmlich. Auch aus diesem Grund auf Häppchen vom Tisch verzichten.

Süßigkeiten schaden dem Gebiss und sorgen für Übergewicht. Unbedenklich sind die für Hunde angebotenen Leckerlis – obwohl man auch hiermit sparsam sein sollte.

Milch wird nicht von allen Hunden vertragen. Viele reagieren darauf mit Durchfall.
In diesem Falle sollten Sie darauf verzichten, denn ab dem Zeitpunkt des natürlichen Absetzens von der Mutter braucht ein Hund keine Milch mehr.

Wichtige Fütterungsregeln

▹ Gewöhnen Sie Ihren Hund an geregelte Fütterungszeiten und halten Sie sich daran.

▹ Lassen Sie den Hund stets in Ruhe fressen und verdauen.

▹ Reinigen Sie den Futternapf nach jeder Mahlzeit gründlich mit heißem Wasser.
Es bilden sich sonst gefährliche Bakterien.

▹ Lassen Sie übriggebliebenes Futter nicht länger als zehn Minuten stehen. Es zieht sonst im Sommer Fliegen an und säuert.

▹ Gewöhnen Sie Ihren Yorkie von Anfang an daran, dass er alles frisst, was Sie ihm geben, also auch Obst, Gemüse und Tabletten. Wenn Sie ihm schon bei seinem ersten »Nasenrümpfen« etwas Neues anbieten, wird er sich bald zum Feinschmecker entwickeln.

▹ Das Futter darf keinesfalls direkt vom Herd oder aus dem Kühlschrank kommen.

▹ Achten Sie darauf, dass immer frisches Wasser am Futterplatz bereitsteht.

Ernährungsfehler erkennen und behandeln

An den Ausscheidungen Ihres Kleinen können Sie am leichtesten feststellen, ob er richtig ernährt wird. Der Kot des richtig ernährten Hundes soll weder zu weich noch zu hart und von einer mittelbraunen Farbe sein.

Verstopfungen, erkenntlich an schwarzem oder kalkartig verfärbtem, bröckeligem Kot, entstehen, wenn der Hund zu wenig Ballaststoffe erhält. Sie können mit Leinsamen, ein wenig Dosenmilch oder einem Apfelstück die Verdauung des Tieres wieder anregen.

Kot fressen lässt ebenfalls darauf schließen, dass der Hund zu einseitig ernährt wird. Abhilfe können Obst und Gemüse – allerdings nur kurz gekocht – schaffen. Kot fressen kann aber auch lediglich eine Unart sein.

Durchfall zeigt sich als dünner Stuhlgang und kann durch Milch, Geflügel und Innereien, wie zum Beispiel Leber oder Pansen, verursacht werden. Auch eine plötzliche Futterumgewöhnung – zum Beispiel nach einem Besitzerwechsel – kann dazu führen.
Durchfall kann aber auch ein Anzeichen für Krankheiten sein. Behandlungsmöglichkeiten sind auf den Seiten 51 bis 59 beschrieben.

Dickleibigkeit kann man nur langsam abbauen. Wichtig ist, dass Sie als Hundebesitzer konsequent bleiben, die Futtermenge auf etwa 60% der Normalmenge reduzieren und durch häufige Spaziergänge den Stoffwechsel des Hundes anregen. Lassen Sie sich am besten vom Tierarzt einen Diätplan erstellen.

Viele wertvolle Tipps finden Sie im Internet unter: www.yorkshire-terrier-journal.de

Gesunderhaltung und Krankheiten

Krankheitsvorbeugung

Der Yorkshire-Terrier ist ein robuster Hund, der bei artgerechter Haltung vor Gesundheit und Lebensfreude nur so strotzt. Artgerechte Haltung bedeutet: gesunde Ernährung, ausreichend Spaziergänge, gute Pflege und eine liebevolle Zuwendung für sein seelisches Wohlbefinden. Dadurch wird die Abwehrkraft Ihres Yorkies gestärkt. Trotzdem kann es vorkommen, dass er krank wird. Planen Sie vorsorglich einmal jährlich einen Besuch beim Tierarzt ein. Achten Sie darüber hinaus auf jede plötzliche Veränderung in seinem Wesen und Verhalten. Ein gesunder Yorkshire-Terrier zeichnet sich durch ein munteres Wesen, guten Appetit, glänzendes Fell und klare Augen aus. Sollte sich daran etwas ändern, gehen Sie besser einmal zuviel zum Tierarzt als gar nicht.

Impfungen und Wurmkuren

Eine Schutzimpfung ist die wirksamste Vorbeugung gegen die gefährlichen Infektionskrankheiten Staupe, Hepatitis, Leptospirose, Parvovirose und Tollwut. Früher traten diese Krankheiten seuchenartig auf. Heute gibt es jedoch hochwirksame Impfstoffe, die sichern, dass Ihr Hund gesund bleibt.

Die erste Impfung der Welpen wird etwa in der siebten bis achten Lebenswoche durchgeführt. Wann die Nachimpfungen fällig sind, hängt von der Kombination der Impfstoffe ab. Die Termine sollten aus dem Impfpass hervorgehen. Wenn nicht, können Züchter und Tierarzt Auskunft geben. Sie müssen aber unbedingt die Impftermine einhalten, nur so bleibt der Impfschutz zuverlässig! Lassen Sie alle Impfungen im Impfpass eintragen, so können Sie nachweisen (bei Reisen ins Ausland wichtig!), dass Ihr Hund gesund ist.

Eine Wurmkur sollte in regelmäßigen Abständen – etwa alle sechs Monate – durchgeführt werden. Spulwürmer und die – seltener vorkommenden – Bandwürmer (→ Seite 57) schwächen die Widerstandskraft gegen Infektionskrankheiten. Eine Entwurmung im Welpenalter (etwa 5. bis 7. Lebenswoche) ist unbedingt erforderlich. Trotz Vorbeugung (Entwurmen der Mutterhündin vor der Geburt) und Reinlichkeit können Welpen mit Spulwürmern auf die Welt kommen. Zuverlässige Züchter geben ihre Hunde nur entwurmt ab. Fragen Sie beim Kauf aber sicherheitshalber noch einmal nach, und lassen Sie sich die erfolgte Wurmkur bestätigen. Nehmen Sie zur Impfung eine Kotprobe zum Tierarzt mit, und lassen Sie sie auf Wurmeier untersuchen. Verwenden Sie nur vom Tierarzt verschriebene Präparate, und halten Sie die Dosierung genau ein.

Krankheiten erkennen

Im folgenden sind Symptome aufgeführt, die als Anzeichen verschiedenster Krankheiten auftreten können und unbedingt einen sofortigen Tierarztbesuch verlangen (eine ausführliche Beschreibung von Krankheiten mit Anzeichen finden Sie auf den Seiten 52 bis 59):

▹ Futterverweigerung über längere Zeit,

▹ Temperatur-Über- oder Unterschreitung. (Zuverlässig ist aber nur die mit dem Thermometer gemessene Temperatur, → Seite 52),

▹ Durchfall mit Erbrechen und Blut im Kot,

▹ Erbrechen, wenn es häufig vorkommt oder von Fieber begleitet wird,

▹ ständiges Kratzen, Beißen, Kopf schütteln,

▹ wenn sich das Zahnfleisch weiß verfärbt (!),

▹ wenn die Körperhaut des Hundes beim Hochziehen stehenbleibt.

Wichtige Handgriffe

Für die Erkennung von Krankheiten wie auch deren Behandlung sollten Sie einige wichtige Handgriffe beherrschen.

Temperatur messen: Als normal gilt beim ausgewachsenen Yorkie eine Körpertemperatur von 38,5 bis 39° C. Beim Junghund liegt sie meist an der oberen, beim älteren Hund an der unteren Grenze. Erhöhte sowie Untertemperatur können Zeichen für verschiedenste Krankheiten sein.
Die Temperatur des Hundes wird rektal gemessen. Führen Sie ein mit Vaseline eingefettetes Thermometer vorsichtig in den After ein und belassen Sie es drei Minuten darin. Sorgen Sie dafür, dass der Hund während dieser Zeit ruhig stehen bleibt.

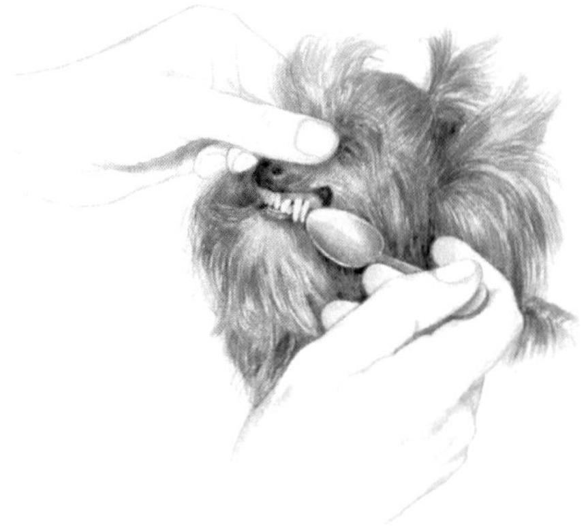

Medizin eingeben: Flüssige Medikamente kann man zwischen den Backenzähnen hindurchlaufen lassen. Bei diesem Junghund sind 2 Fangzähne sichtbar, von denen einer gezogen werden muss.

Eingeben von Medikamenten: Pulverförmige und flüssige Medikamente, die keinen starken Geruch haben, mischen Sie am besten unter das Futter. Verweigert Ihr Yorkie die so präparierte Nahrung, können Sie verschiedene Tricks anwenden: Geben Sie die Medizin auf einen Löffel (pulverförmige Arzneimittel machen Sie mit Wasser flüssig), heben Sie die obere Lefze des Hundes hoch und lassen Sie die Flüssigkeit zwischen den Zähnen hindurchlaufen (→ Zeichnung, linke Textspalte). Danach sollten Sie das Schnäuzchen eine Weile leicht zuhalten, damit der Hund nicht alles wieder ausspuckt. Ihr Yorkie kann sehr erfinderisch in der Abwehr schlecht schmeckender Arznei werden. Eine andere Möglichkeit ist, die untere Lefze wie eine Art Tasche herauszuziehen und die Medizin dort hineinzuträufeln. Bei starkem Abwehrverhalten ziehen Sie die Flüssigkeit in eine Einwegspritze ohne Nadel (beim Tierarzt erhältlich) und spritzen den Inhalt möglichst auf den mittleren Teil der Zunge. Tabletten und Dragees verpacken Sie am besten in Hackfleisch-Bällchen. Gelatinekapseln haben für den Hund keinen störenden Geschmack und können meist problemlos verabreicht werden: das Köpfchen des Yorkies heben und das Medikament auf den hinteren Teil der Zunge geben.

Für das Verabreichen von Zäpfchen sollten Sie zu zweit vorgehen: Während die eine Person den Hund beruhigt und festhält, führt die andere das Zäpfchen mit dem Finger langsam und möglichst weit in den After ein. Tragen Sie dabei einen Plastikhandschuh. Danach drücken Sie die Rute gegen den After, damit es nicht wieder ausgepresst wird.

Puls messen: Der erwachsene Yorkshire-Terrier hat eine Pulsfrequenz von etwa 100 bis 130 Schlägen pro Minute, Junghunde unter einem Jahr bis zu 200. Am besten lässt er sich an der Innenseite der hinteren Schenkel fühlen.

Gefährliche Infektionskrankheiten

Staupe (Carresche Krankheit)

Krankheitszeichen: Hohes Fieber, trockener Husten, Durchfall, wässriger Ausfluss aus Augen und Nase, Erbrechen.

Mögliche Überträger: Staupeviren dringen über die Schleimhäute in den Körper ein. Sie werden von Hund zu Hund oder über Bürsten, Decken und Kleidungsstücke übertragen.

Heilungschancen: Bei jungen Hunden führt die Staupe fast immer zum Tode, erwachsene Hunde können Dauerschäden, vor allem des Nervensystems, davontragen.

Vorbeugung: Regelmäßige Schutzimpfung (→ Seite 51).

Hepatitis (ansteckende Leberentzündung)

Krankheitszeichen: Ähneln die der Staupe. Diese Krankheit kann auch chronisch, ohne sichtbare äußerliche Anzeichen verlaufen.

Mögliche Übertrager: Die Krankheit wird von Hund zu Hund durch Speichel oder Harn und über verseuchte Gegenstände übertragen.

Heilungschancen: Vor allem Junghunde sind gefährdet. Für sie gibt es meist keine Rettung, wenn sie sich infizieren. Erwachsene Hunde können eventuell durch tierärztliche Hilfe gerettet werden.

Vorbeugung: Regelmäßige Schutzimpfung (→ Seite 51).

Leptospirose (Stuttgarter Hundeseuche)

Krankheitszeichen: Beginnt meist mit einer Schwächung in den Hinterläufen. Weitere Anzeichen: Appetitlosigkeit, Fieber, vermehrter Durst, Erbrechen, Magen- und Darmstörungen, Bewusstlosigkeit sowie blutig verfärbter Urin.

Mögliche Überträger: Wird durch Leptospiren hervorgerufen, tritt bevorzugt von September bis etwa Dezember auf. Leptospiren sind krankheitserregende Bakterien, die von Ratten, Mäusen und infizierten Hunden mit dem Harn ausgeschieden werden.
Hunde können die Erreger aus verseuchten Gräben, Pfützen, Tümpeln, aber auch über die Duftmarken infizierter Artgenossen aufnehmen.

Heilungschancen: Die Behandlung ist im Frühstadium meist noch erfolgreich.

Vorbeugung: Schutzimpfung (→ Seite 51).

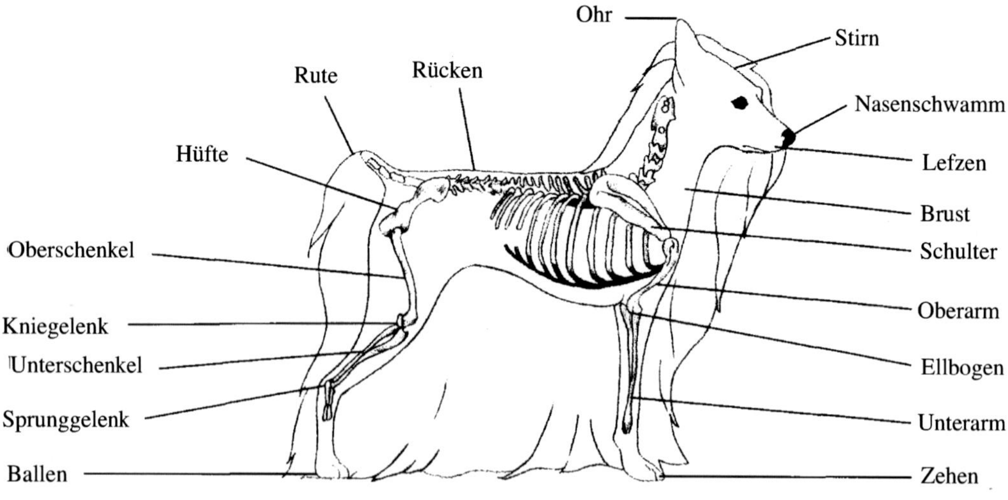

Der Körperbau des Yorkshire-Terriers: Das üppiges Haarkleid lässt kaum erkennen, dass sein Körperbau genauso wohlproportioniert und ausgeglichen ist wie bei vielen anderen, größeren Hunderassen.

Wichtig: Da einige Leptospiren-Erreger auch auf den Menschen übertragbar sind, ist diese Krankheit meldepflichtig, das heißt, der Amtstierarzt muss informiert werden.

Parvovirose

Die Parvovirose ist schwer eindeutig zu erkennen und die wohl heimtückischste aller vergleichbaren Erkrankungen, da mittlerweile neue Viren einen vorhandenen Impfschutz »überlisten« können. Sie wird oft als »Katzenseuche« bezeichnet, da die Erreger nahe mit den Katzenseucheviren verwandt sind.

Krankheitszeichen: Schwere Darmerkrankung mit ständigem Erbrechen und anhaltendem, blutigem Durchfall. Häufig Erbrechen einer schaumig-gelblichen, manchmal mit Blut versetzten Flüssigkeit. Apathie, Futterverweigerung.

Mögliche Überträger: Wird über die Ausscheidungen von Hund zu Hund übertragen, aber auch über mit Viren verseuchte Kleidung und Schuhe der Hundehalter. Deshalb ist diese Krankheit vor allem bei Züchtern, die ihre Hunde auf Ausstellungen zeigen, sehr gefürchtet. Hervorgerufen wird sie von einem Virus, der einem Großteil der gebräuchlichen Desinfektionsmittel hartnäckig widersteht.

Heilungschancen: Durch den schnellen Flüssigkeitsverlust kann der Hund innerhalb von wenigen Tagen verenden. Ein nicht geimpfter, erwachsener Hund kann durch eine intensive tierärztliche Behandlung mit Infusionen und Antibiotika gerettet werden, sofern die Krankheit schon im Anfangsstadium behandelt wird. Erwachsene Hunde haben eine größere Überlebenschance als Welpen.

Vorbeugung: Regelmäßige Schutzimpfung (→ Seite 51). Leider wird die Schutzimpfung gegen Parvovirose manchmal nicht mehr als notwendig erachtet – sie ist jedoch zum Schutz Ihres Hundes absolut notwendig.

Tollwut

Krankheitszeichen: Abnormes Verhalten, gelegentlich Speichelfluss, Beißwut, Schluckbeschwerden, Lähmungen und Krämpfe, eine meist heisere Stimme.

Mögliche Übertrager: Tollwutviren werden über den Speichel eines tollwutkranken Tieres (meist Füchse) in offene Wunden wie Bissverletzungen übertragen und verursachen eine Schädigung des Nervensystems. Der Speichel eines infizierten Tieres kann bereits vor Ausbruch der Erkrankung infektiös sein.

Heilungschancen: Keine. Der Tod tritt durch eine allgemeine Lähmung ein. Auch für den Menschen besteht Lebensgefahr.

Vorbeugung: Regelmäßige Schutzimpfung (→ Seite 51).

Wichtig: Hatten Sie oder Ihr Hund Kontakt mit einem tollwutverdächtigen Tier, müssen Sie sich einer ärztlichen Behandlung unterziehen, Ihr Hund muss zur Beobachtung in Quarantäne. Diese Krankheit ist anzeigepflichtig, auch ein Verdacht auf Tollwut muss dem Gesundheitsamt und dem Amtstierarzt gemeldet werden. Bei Auslandsreisen muss ein Hund tollwutgeimpft sein, die Impfung muss in der Regel vier Wochen vor dem Grenzübertritt erfolgt sein.

Aujeszkysche Krankheit (Pseudowut)

Krankheitszeichen: Ähnlich wie die der Tollwut: Unruhe, Speichelfluss. Zusätzlich extremes Kratzen, zumeist am Kopf.

Mögliche Überträger: Ansteckung über infiziertes rohes Schweinefleisch.

Heilungschancen: Keine. Die Krankheit endet meist mit dem Einschläfern des Hundes.

Vorbeugung: Es gibt keinen Impfstoff für den Hund. Eine Hitzebehandlung des Schweinefleisches tötet die Erreger jedoch ab. Deshalb dürfen Sie nie rohes, sondern nur vollständig durchgekochtes Schweinefleisch verfüttern.

Krankheiten, die häufiger vorkommen

Durchfall

Krankheitszeichen: Der Kot des Hundes ist von breiiger bis dünnflüssiger Konsistenz.

Mögliche Ursachen: Falsche Ernährung, Schneefressen, Bakterien, Viren und Würmer, plötzliche Futterumstellung, Aufregung.

Behandlung: Am wirkungsvollsten bei erwachsenen Hunden ist eine Diät: Geben Sie dem Hund einen Tag lang (je nach Hartnäckigkeit des Durchfalls) nichts zu fressen. Ersetzen Sie das Trinkwasser durch dünnen schwarzen Tee, dem Sie eine Prise Kochsalz zugeben. Am nächsten Tag sollte der Hund Diätkost bekommen, zum Beispiel Haferschleim und Zwieback. Neben dieser Diät ist eine Behandlung mit gemahlenem Weißem Ton (erhältlich in der Apotheke) wirkungsvoll. Im Versandhandel gibt es auch noch das sehr wirkungsvolle »Reto« (→ Seite 79). Hält der Durchfall aber noch einen weiteren Tag an, suchen Sie besser den Tierarzt auf. Durchfall schwächt das Tier nicht nur, er kann auch Anzeichen ernsterer Erkrankungen sein.

Vorbeugung: Gesunde, artgerechte Ernährung.

Verstopfung

Krankheitszeichen: Geringer bis kein Kotabsatz.

Mögliche Ursachen: Fütterung von zuviel Fleisch und Knochen.

Behandlung: → Seite 50.

Ohrenentzündung

Krankheitszeichen: Häufiges Kopf schütteln, Schiefhalten des Kopfes, Kratzen am Ohr oder starke Absonderung von Ohrenschmalz. Eine chronische, unbehandelte Ohrenentzündung kann zur Taubheit des Hundes führen.

Mögliche Ursachen: Ohrmilben, Bakterien, Pilze oder auch übermäßig starke Zugluft (z.B. beim Autofahren).

Behandlung: Lassen Sie eine genaue Diagnose vom Tierarzt erstellen und verfahren Sie nach dessen Anweisungen.

Vorbeugung: Gründliche Ohrenpflege (→ Seite 43).

Eingeben von Ohrentropfen: Mit der einen Hand hält man das Ohr, während die andere durch Druck auf die Pipette die Flüssigkeit hineinlaufen lässt (Pipette nicht zu tief einführen!).

Kniescheiben-Luxation

Krankheitszeichen: Ständiges Lahmen oder wiederkehrende plötzliche Lahmheit. Der Hund zieht öfter beim Gehen ein Hinterbein hoch.

Ursachen: Überdehnte oder gerissene Bänder führen zur Ausrenkung (Luxation) der Kniescheibe. Bei einer starken Luxation kann der Hund das betroffene Bein nicht mehr belasten, eine leichte Luxation ruft meist keine Lahmheit hervor.

Behandlung: Den Grad der Luxation festzustellen sowie die Behandlung ist Sache des Tierarztes. Eventuell muss operiert werden.

Vorbeugung: Nicht möglich. Die Veranlagung zur Kniescheiben-Luxation ist vererbbar. Obwohl sich Züchter und Vereine um Besserung bemühen, kommt diese Anomalie bei *allen* Kleinhunden wie auch dem Yorkshire-

Terrier vor und ist keine spezielle Krankheit, die hauptsächlich diese Rasse betrifft – wie oftmals fälschlicherweise behauptet wird.

Gehirnerschütterung

Krankheitszeichen: Erbrechen, Taumeln, Müdigkeit, Bewusstlosigkeit. Tritt aus dem Ohr Blut aus, kann ein Schädelbruch vorliegen. Epilepsie als Spätfolge ist möglich.

Mögliche Ursachen: Stürze, Unfälle, Schläge auf den Kopf.

Behandlung: Nur durch den Tierarzt. Er muss feststellen, ob der Schädel beeinträchtigt ist.

Vorbeugung: Unfallgefahren vermeiden.

Vergiftung

Krankheitszeichen: Vergiftungen äußern sich auf die unterschiedlichste Weise. Man kann kaum Hauptanzeichen nennen. Symptome, wie zum Beispiel Erbrechen, Durchfall, Teilnahmslosigkeit, können auf eine Vergiftung hinweisen.

Ursachen: Fressen von Gift, wie zum Beispiel chemische Reiniger, Ratten- und Mäusegift, Schädlingsbekämpfungsmittel.

Behandlung: Der Erfolg der Behandlung ist abhängig von der Giftart und der aufgenommenen Menge. Können Sie Ihrem Tierarzt darüber Auskunft geben, wird die Behandlung erleichtert. Sollten Sie keinen Tierarzt erreichen, können Sie bei der toxikologischen Abteilung einer Universitätsklinik anrufen und um Rat fragen.

Vorbeugung: Verzichten Sie auf chemische Schädlingsbekämpfungsmittel in Haus und Garten. Reinigungsmittel jeder Art sollten für den Hund unerreichbar gelagert werden. Ansonsten hilft nur die Beaufsichtigung des Tiers.

Hitzschlag

Krankheitszeichen: Übermäßiges Herzschlagen, schnelles Hecheln, Mattigkeit, Bewußtlosigkeit. Auch Krämpfe können auftreten. Ansteigen der Körpertemperatur auf 42°C – bei Überschreitung dieser Temperatur tritt unweigerlich der Tod ein.

Mögliche Ursachen: Ein Hitzschlag (Hitzestau) tritt dann ein, wenn der Hund durch Hecheln keinen ausreichenden Wärmeausgleich mehr erreichen kann. Das kann vor allem in einem in praller Sonne abgestelltem Auto oder bei körperlicher Anstrengung an sehr heißen Tagen (z.B. bei langen Wanderungen) der Fall sein.

Behandlung: Bringen Sie den Hund sofort an einen kühlen Platz und senken Sie die Körpertemperatur mit nasskalten Wickeln, die Sie auf der Fahrt zum Tierarzt immer wieder erneuern.

Vorbeugung: Keine Anstrengung an heißen Tagen. Hund im Sommer nicht im Wagen zurücklassen.

Innere Parasiten

Spulwürmer

Krankheitszeichen: Aufgetriebener Bauch, Schluckauf, bei hochgradigem Befall sogar Appetitlosigkeit, Krampfzustände und Teilnahmslosigkeit.

Mögliche Ursachen: Die Infektion erfolgt über Spulwurmeier, die im Kot bereits befallener Tiere zu finden sind.

Behandlung: Entwurmung. Halten Sie sich vor allem bei Welpen und selbstverständlich auch erwachsenen Hunden an die Termine hierfür (→ Seite 48). Nach einer Behandlung sollten Sie zusätzlich die Schlafhöhle, Decken und Bürsten desinfizieren, um neuen Wurmbefall zu verhindern.

Vorbeugung: Wurmkur (→ Seite 51).

Bandwürmer

Krankheitszeichen: Abmagerung, Darmentzündungen, Muskelkrämpfe, selten »Schlittenfahren« (Rutschen auf dem Hinterteil).

Mögliche Ursachen: Bandwürmer können nie direkt, also von Hund zu Hund, übertragen werden; sie gelangen über einen Zwischenwirt (Floh, Haarling, Maus, Schwein) in den Hundedarm.

Behandlung: Die Behandlung des Bandwurmbefalls mit Medikamenten muss vom Tierarzt durchgeführt werden und ist innerhalb kürzester Zeit erfolgreich.

Vorbeugung: Wurmkur (→ Seite 51).

Wichtig: Es gibt Bandwurmarten, die vom Hund auf den Menschen übergehen können. Besonders in Familien mit Kindern ist dann größte Vorsicht geboten. Entdecken Sie im Kot Ihres Hundes kleine weiße Teilchen in der Form eines Reiskorns oder Quaders, sind vom Tierarzt sofort therapeutische Maßnahmen einzuleiten. Auch sollten Sie selbst bei Bandwurmbefall Ihres Hundes vorsorglich den Arzt aufsuchen.

Äußere Parasiten

Flöhe

Krankheitszeichen: Häufiges Kratzen, vor allem an Ohren und Hals.

Ursache: Flöhe saugen Blut und verursachen durch Stiche in die Haut und durch Herumkrabbeln im Fell einen starken Juckreiz. Übertragen werden Flöhe meist von Hund zu Hund.

Behandlung: Bei Flohbefall stäuben Sie das Fell gegen den Haarstrich mit einem Flohpulver (erhältlich im Fachhandel) ein. Auch Schlafhöhle und Decken, die der Hund benutzt, müssen gründlich gereinigt und mit einem geeigneten Mittel bestäubt oder besprüht werden. (Falls Sie für die Behandlung der Umgebung ein Spray verwenden, achten Sie darauf, dass es kein umweltschädliches Treibgas enthält!)

Vorbeugung: Zur Vorbeugung gibt es spezielle Flohhalsbänder sowie verschiedene Mittel, mit denen man den Hund einreiben kann. Am besten informieren Sie sich darüber beim Tierarzt. Untersuchen Sie den Hund besonders in den Sommermonaten nach jedem Spaziergang auf diesen ungebetenen Besuch.

Wir empfehlen zur Vorbeugung und auch nach einer Behandlung »Bio«- bzw. »Clean-Kill« (siehe Shop-Adresse → Seite 79).

Wichtig: Der Hundefloh kann auf den Menschen übergehen, belästigt ihn aber nie lange. Da der Floh Zwischenwirt für Bandwürmer ist, sollten Sie den Hund zusätzlich noch einmal entwurmen.

Zecken

Ursache: Die Zecke (auch Holzbock genannt) tritt vermehrt im Sommer und im Herbst auf. Angelockt durch die Körperwärme und die Fettsäure auf der Haut des Hundes lässt sie sich von hohem Gras, Sträuchern oder Bäumen fallen und bohrt ihren Saugrüssel tief in die Haut. Zunächst sehr klein, saugt sie sich mit Blut voll und kann so groß wie eine Kirsche werden.

Behandlung: Entfernen Sie die Parasiten, sobald Sie sie entdeckt haben. Im Normalfall, wenn man einigermaßen geschickt ist, kann man sie mühelos mit einer Drehbewegung nach links herausschrauben. Sie können dazu eine spezielle Zeckenzange oder -Schlinge aus dem Fachhandel benutzen. Sie dürfen die Zecke niemals herausreißen, sonst kann der Kopf in der Haut stecken bleiben und eine Entzündung verursachen. Wenn Ihnen diese Behandlung Schwierigkeiten bereitet, sollten Sie zum Tierarzt gehen.

Sehr erfolgversprechend sind Präparate wie »Frontline«, »Exspot« u. a. Man erhält diese Produkte über den Tierarzt – sie müssen jedoch nach Vorschrift angewandt werden.

Vorbeugung: Bei der Fellpflege auf Zecken achten (siehe auch oben genannte Präparate).

Herbstgrasmilben

Krankheitszeichen: Häufiges Kratzen vor allem an Pfoten, Achselhöhlen, Bauch und Geschlechtsteilen.

Ursache: Herbstgrasmilben kommen vorwiegend ab dem Früh-Herbst auf Gräsern und Sträuchern vor. Sie verursachen einen starken Juckreiz. Einzeln sind diese Parasiten meist nur mit der Lupe als orangefarbene Pünktchen zu erkennen.

Behandlung: Einreiben der befallenen Stellen mit einem Parasitenmittel. Lassen Sie sich von Ihrem Tierarzt beraten. Wir haben gute Erfahrungen mit »Bio«- bzw. »Clean-Kill« gemacht (siehe Shop-Adresse → Seite 79).

Beim Tierarzt

Bei der Wahl des Tierarztes sollten Sie vorgehen wie bei der Wahl Ihres Hausarztes und ihn nicht wechseln, sobald er Ihr Vertrauen genießt. Je besser er Ihren Yorkie kennt, desto leichter kann er Diagnosen stellen.

Der Transport: Sie werden Ihren Hund immer zum Tierarzt bringen müssen, da er keine Hausbesuche macht. Sollte Ihr Yorkie – etwa nach einem Unfall – bewusstlos oder stark verletzt sein, legen Sie ihn vorsichtig in Seitenlage auf eine Decke, die wie eine Krankenbahre getragen wird. Ziehen Sie ihm bei einer Ohnmacht unbedingt die Zunge aus dem Fang, er könnte sonst ersticken!

Regeln für den Tierarztbesuch: Hunde lieben den Besuch beim Tierarzt nicht, auch wenn sie keine schlechten Erfahrungen gemacht haben. Sie sollten sich darauf einstellen, dass Ihr Yorkie anders reagiert als üblich.

▹ Leinen Sie den Kleinen an.

▹ Vermeiden Sie den Kontakt mit anderen Patienten im Wartezimmer.

Falls Verdacht auf eine ansteckende Krankheit besteht, warten Sie im Interesse der anderen tierischen Patienten draußen.

▹ Schildern Sie dem Tierarzt kurz und präzise Ihre Beobachtungen.

Das weitere Vorgehen: Halten Sie sich bitte genau an die Anweisungen Ihres Tierarztes, was die weitere Behandlung des Hundes anbelangt. Achten Sie vor allem auf eine richtige Dosierung der Medikamente.

Homöopathische Behandlungsmethoden können ebenfalls sehr erfolgreich sein (→ Bücher, die weiterhelfen, Seite 80). Doch auch hier sollten Sie sich mit dem Arzt oder einem Tierheilpraktiker absprechen und nicht versuchen, Ihren Hund alleine zu behandeln.

Alterserscheinungen und Gnadentod

Der Yorkshire-Terrier hat eine relativ hohe Lebenserwartung und kann 16 Jahre und älter werden. Voraussetzung dafür ist natürlich eine artgerechte Haltung und beste Gesundheitsfürsorge. Viele Yorkies bleiben bis ins hohe Alter hinein munter, bei anderen lässt die Spannkraft nach, und sie werden behäbiger. Häufig lassen Sehschärfe und Gehör nach. Den Hund stört das nicht sehr, da er ein Nasentier ist und der für ihn wichtige Geruchssinn erhalten bleibt.

Auch die Stubenreinheit kann im Alter nachlassen, das hat in diesem Fall nichts mit Erziehung zu tun. Gönnen Sie deshalb Ihrem älteren Yorkie mehr Ruhe und gehen Sie öfter vorsorglich zum Tierarzt.

Der Gnadentod ist der letzte Freundschaftsdienst, den Sie Ihrem Yorkie erweisen können, wenn er zu sehr leiden muss. Bitte begleiten Sie ihn dabei zum Tierarzt und überlassen Sie diesen schweren Gang keinem Fremden, das sind Sie dem Tier schuldig. Dass Sie Ihren Hund bis zum Schluss streicheln und beruhigen, sollte selbstverständlich sein. Das Einschläfern ist für den Hund schmerzlos – er spürt nur den Einstich der Spritze und schläft friedlich ein.

Grundlagen der Yorkshire-Zucht

Voraussetzungen für das Züchten

Bitte stellen Sie sich die Zucht von Yorkshire-Terriern nicht zu einfach vor. Man braucht Zeit, Geld, Platz und eine Menge Wissen, auch wenn man seine Hündin nur einmal decken lassen will. Außerdem übernimmt man damit eine große Verantwortung. Gerade bei Kleinhunden kommt es bei Geburten leicht zu Komplikationen, bei denen Mutterhündin oder Welpen sterben können. Vielen, die »einmal im Leben« Nachkommen von ihrem Yorkie haben wollen, ist dies nicht bewusst. (Es ist übrigens ein weit verbreiteter Irrtum, dass eine Hündin einmal im Leben werfen soll!)

Viele denken auch nicht daran, dass schon das einmalige Belegen einer Hündin »Züchten« bedeutet. Und auch für diejenigen, die mit der Zucht dieser populären Rasse Geld verdienen wollten, ging die Rechnung in der Vergangenheit nicht auf. Eine Hündin nimmt nicht bei jedem Deckakt auf und legt dann vier oder fünf Welpen in die Wurfkiste (die Norm sind zwei oder drei). Sollten Sie sich aber nach den nötigen Vorüberlegungen ernsthaft zur Zucht entschließen, möchten wir Ihnen folgenden Rat ans Herz legen: Treten Sie einem Yorkie-Club bei, Sie haben dort die besten Möglichkeiten, nützliche Informationen zu sammeln.

Zeitaufwand: Die Zucht von Hunden erfordert wesentlich mehr Zeit als die reine Haltung. Schon die Vorbereitungen sind zeitraubend, es muss gewährleistet sein, dass Sie sich ausreichend um Mutterhündin und Welpen kümmern können und vor allem – machen Sie sich auf lange Nächte gefasst. Viele Hündinnen werfen meistens nachts, und eine Geburt zu einem »menschlichen« Zeitpunkt fällt sehr oft mit schöner Regelmäßigkeit auf einen Tag, den Sie bereits für andere Dinge verplant haben.

Kosten: Zuchttiere sind wesentlich teurer in der Anschaffung. Für eine gute Mutterhündin zahlen Sie mehr als den üblichen Kaufpreis. Dazu kommen noch Unterhalt und verschiedenste Gebühren für beispielsweise Decken, Zuchtzulassung und Wurfabnahme.

Unterbringung: Ein Haus mit etwas Grünfläche davor sowie ein kleines, separates Zimmer, worin Sie ein Wurfbett stellen können, ist für die Zucht ideal. Wählen Sie das Zimmer aber so, dass sich der Nachbar oder eventuelle Mitmieter nicht gestört fühlen. Das Fiepsen der Welpen und die ersten Bellversuche können ziemlich laut sein.

In einer Mietwohnung sollten Sie vorher den Hauseigentümer fragen oder ganz auf Hundenachwuchs verzichten.

Informationen besorgen: Ein wichtiger Ansprechpartner ist für Sie der Züchter Ihres Hundes – er wird Ihnen sicher bereitwillig alle Fragen beantworten. Zusätzlich können Sie sich bei Ihrem Yorkshire-Terrier-Verein (→ Adressen, Seite 80) sachkundig machen. Sie treffen dort Gleichgesinnte, können Erfahrungen austauschen und bekommen Literaturtipps. Als Mitglied erhalten Sie eine Zuchtordnung, die den gesamten formalen Ablauf einer Zucht mitsamt den dafür notwendigen Tierschutzbestimmungen regelt. Für das Züchten gelten auch einige gesetzliche Regelungen, die Sie am besten beim Dachverband der Rassehundevereine (in Deutschland VDH) oder bei den Vereinen selbst erfragen.

Die Zuchttauglichkeit

Wir beschränken uns in diesem Kapitel auf die Situation in Deutschland. Züchter in der Schweiz und Österreich können sich bei den Vereinen ihrer Länder (Adressen, → Seite 80) nach den jeweiligen Bestimmungen erkundigen. Nach den deutschen Vereinssatzungen müssen Sie vor einer Zuchtverwendung die Zuchttauglichkeit Ihres Hundes von Rasse-Spezialrichtern prüfen lassen. Dies wird in den Vereinen unterschiedlich gehandhabt. Eine Zuchtzulassung kann davon abhängen, welche Bewertung (eine sogenannte Formwertnote) Ihr Yorkie auf einer vom Verein anerkannten Spezialzuchtschau erhält. Andererseits werden auch spezielle Zuchtzulassungsprüfungen veranstaltet – diesen Vorgang nennt man Ankörung. Diese Regelungen können von Zeit zu Zeit entsprechend dem Stand der Zucht angepasst und dementsprechend geändert werden.

Wichtig: Wer von Anfang an Interesse an Zucht und Ausstellung zeigt, sollte sich einen Hund mit abgeschlossenem Zahnwechsel anschaffen.

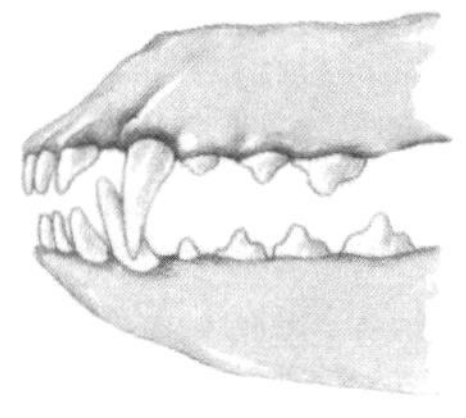

Scherengebiss

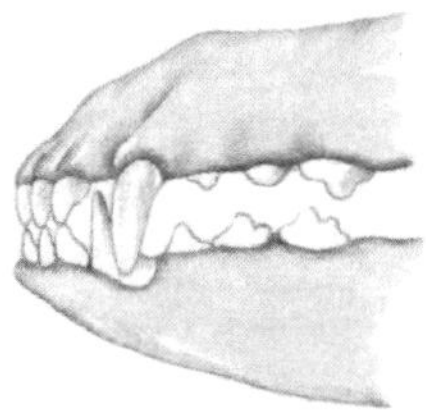

Zangengebiss

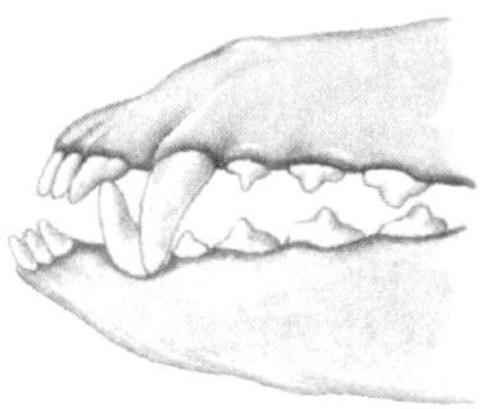

Vorbiss

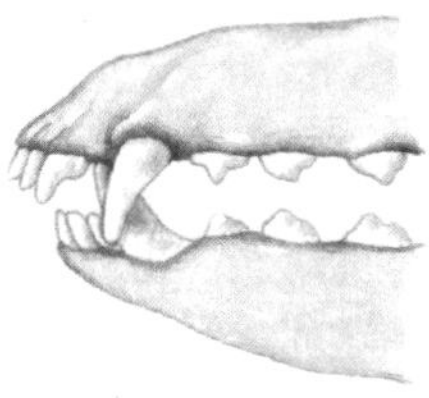

Rückbiss

Gebissformen, Zahnstellungen: Beim korrekten Scherengebiss greifen die oberen Schneidezähne über die untere Zahnreihe; beim Zangengebiss stehen obere und untere Zahnreihe aufeinander; beim Vorbiss steht der untere Zahnbogen über den oberen vor; beim Rückbiss steht der obere Zahnbogen über den unteren vor.

Bei einem acht bis zehn Monate alten Yorkie sind die Haar- und Farbanlagen besser einzuschätzen. Suchen Sie sich als Muttertier eine nicht zu kleine Hündin aus. Eine größere Hündin ist den Strapazen einer Geburt besser gewachsen – das heißt jedoch nicht, dass diese schwerer als 3,3 kg sein darf – das Mindestgewicht sollte nicht unter 2 kg liegen – ideal wären ca. 2,6 kg.

Der Deckrüde

Machen Sie sich als Hündinnenbesitzer rechtzeitig auf die Suche nach einem passenden Deckrüden. Als Anfänger sollten Sie sich bei der Wahl des Deckrüden von Ihrem Verein beraten lassen. Es ist selbst für erfahrene Züchter schwierig, zu entscheiden, welcher Rüde die geeignetsten Erbanlagen für die jeweilige Hündin hat. Aussagekräftig für Zuchttiere ist nicht die Zahl der Championtitel, sondern die Qualität ihrer Nachkommen. Eventuelle Fehler der Hündin sollten durch einen entsprechenden Rüden ausgeglichen werden. Ein Studium der Ahnentafeln kann zwar weiterhelfen, aber wenn man die Hunde und ihre charakterlichen Eigenschaften dazu nicht kennt, ist es riskant, nur nach einem Championtitel auszusuchen.

Unser Tipp: Halten Sie sich als Hündinnenbesitzer einige Jahre keinen eigenen Rüden oder verzichten Sie auch in Zukunft darauf, wenn Sie Ihre Zucht nicht zu sehr ausweiten wollen. Die Haltung von Rüde und Hündin ist problematisch, dazu kommt, dass Sie die Nachkommen dieser Tiere nicht untereinander und nicht mit den Eltern paaren sollten – Inzucht ist ein zu großes Risiko.

Die Läufigkeit und die Paarung

Die Läufigkeit: Etwa alle sechs Monate werden Hündinnen läufig, manche sogar nur einmal im Jahr. Diese Zeit der Hitze dauert etwa drei Wochen, während der sich die Hündin unruhig verhält, auch etwas anhänglicher als sonst sein kann. In der Anfangsphase schwillt die Scham an. Nach etwa vier bis fünf Tagen stellt sich ein rötlicher Ausfluss ein. Diesen Termin sollten Sie sich als l. Tag notieren, daran können Sie die Tage der Fruchtbarkeit errechnen. In dieser Phase der Läufigkeit lockt die Hündin zwar schon Rüden an, ist aber noch nicht deckbereit. Erst wenn die blutige Ausscheidung nachlässt und fast farblos wird (10. bis 16. Tag), nimmt die Hündin den Rüden an. Fahren Sie mit Ihrer Hündin möglichst am 11. Tag zum Deckrüden und lassen am 13. zur Sicherheit »nachdecken«. So ist die Chance der Aufnahme größer.

Die sogenannte »Trockenhitze« macht es etwas schwieriger, den Decktermin zu errechnen. Die Hündin hat keinen Ausfluss, kann aber aufnehmen. In diesem Fall sollte man den Rüdenbesitzer bitten, die Hündin ein paar Tage bei ihm zu lassen und mehrmals zu decken. Zur Bestimmung des zeitlich richtigen Decktermins kann der Tierarzt einen Vaginalabstrich vornehmen.

Die erste Hitze der jungen Hündin stellt sich zwischen dem sechsten und elften Lebensmonat ein. Sie darf zu diesem Zeitpunkt noch nicht gedeckt werden, sondern laut derzeit gültiger Zuchtordnung erst im Alter von fünfzehn Monaten. Dann ist sie voll ausgewachsen und entwickelt.
Zu alt sollte Ihre Hündin für ihre ersten Kinder aber auch nicht sein. Drei bis höchstens vier Jahre sind das obere Limit.

Die Paarung: Als Hündinnenbesitzer fährt man in der Regel immer mit der Hündin zum Deckrüden, weil der Rüde in seiner gewohnten Umgebung meist eine höhere Decklust hat.

Die Hündin zeigt ihre Deckbereitschaft schon einige Tage vorher an, indem sie die Rute bei Berührung seitwärts legt. Je nach Temperament und Sympathie spielen Rüde und Hündin eine Zeit miteinander, bevor es zur Paarung kommt – wenn es überhaupt dazu kommt und sich keiner der zwei Beteiligten verweigert. Ärgern Sie sich bitte nicht darüber, Hunde haben – wie alle Lebewesen – Eigenheiten und Launen. Hat der Deckvorgang geklappt, »hängen« Rüde und Hündin noch einige Zeit, manchmal mehr als eine halbe Stunde.

Wichtig: Halten Sie beide Tiere während des Zusammenhängens fest, damit sich der Rüde nicht bei einer plötzlichen Drehung der Hündin verletzt. Versuchen Sie nie, die beiden zu trennen. Warten Sie, bis dieser natürliche Vorgang beendet ist, denn ein gewaltsames Trennen (vor allem unter Verwendung von Wasser) ist Unfug und kann Verletzungen zur Folge haben.

Die Trächtigkeit

Umgang mit der trächtigen Hündin

Die Tragzeit dauert etwa 63 Tage. Zählen Sie diese zum Decktermin dazu, dann wissen Sie den voraussichtlichen Geburtstermin. Am besten schreiben Sie ihn auf, damit Sie sich rechtzeitig auf die Geburt vorbereiten können. Hat Ihre Hündin aufgenommen, werden Sie ab der fünften Woche eine leichte Zunahme ihres Umfangs feststellen können. Sie verhält sich ruhiger und ist oft auch anhänglicher. Behalten Sie ihren gewohnten Tagesablauf bei. Ermöglichen Sie ihr viel Bewegung an der frischen Luft, überfordern Sie sie aber nicht. Je mehr die Hündin an Gewicht zunimmt, desto weniger darf sie überanstrengt werden. Versuchen Sie zu verhindern, dass die werdende Mutter Treppen steigt oder von Sesseln springt.

Die Ernährung der Mutterhündin soll gehaltvoller und vitaminreicher sein. Mischen Sie deshalb ab der fünften Woche Kalkpräparate oder Knochenmehl unter das Futter. Es gibt auch sehr gute homöopathische Mittel. Auch bei Anwendung der Homöopathie sollten Sie ebenfalls zuerst Ihren Tierarzt fragen – ein Buch dient anfangs allenfalls der Information.

Erhöhen Sie auch den Anteil an hochwertigem Fleisch und frischem Gemüse. Verteilen Sie das Futter auf mehrere kleine Portionen täglich. Da der Flüssigkeitsbedarf der Hündin steigt, muss immer frisches Wasser bereitstehen.

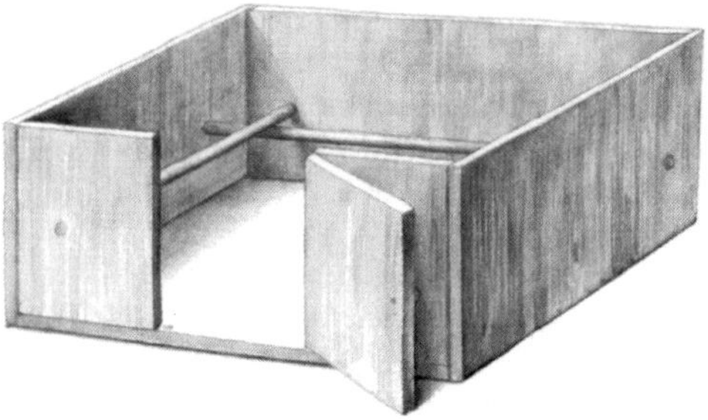

Die Wurfkiste muss vor allem geräumig sein. Die Rundhölzer entlang der Seitenwände verhindern, dass die Mutter versehentlich einen Welpen erdrückt.

Die Scheinträchtigkeit: Die eingebildete Trächtigkeit tritt auch bei Hündinnen auf, die noch nie geworfen haben. Es ist in der ersten Zeit schwer, festzustellen, ob eine Hündin wirklich aufgenommen hat, da sich Verhalten und äußere Erscheinung nur wenig unterscheiden. Eine scheinträchtige Hündin verhält sich aber meist »mütterlicher« als die wirklich tragende. Ab der 4. Woche nach der Läufigkeit schwillt bei der scheinträchtigen Hündin das Gesäuge an, es bildet sich sogar manchmal Milch, und die Hündin kann dann bei den überzähligen Welpen eines Wurfes oder bei verwaisten Welpen Ammenfunktion übernehmen. Wenn dies nicht möglich ist, muss die Hündin viel bewegt und abgelenkt werden und weniger Futter bekommen. Kalte Essigumschläge, dreimal täglich auf die Zitzen, bringen das Gesäuge zum Abschwellen. Während der Scheinträchtigkeit ist die Hündin unruhig und sucht sich Gegenstände, die sie wie Welpen bemuttert – Sie sollten ihr also alle Spielsachen wegnehmen.

Vorbereitungen für die Geburt

Die Wurfkiste: Hündinnen, die zum ersten Mal werfen, müssen bereits frühzeitig an die Wurfkiste gewöhnt werden. Stellen Sie sie in einem separaten, ruhigen Raum bereit, und lassen Sie die Hündin ein paar Wochen vor der Geburt schon darin schlafen.

Die Wurfkiste (→ Zeichnung, linke Textspalte) soll so groß sein, dass die Hündin bequem Platz hat. Außerdem muss genügend Raum für die Welpen bleiben, denn für sie wird die Kiste etwa drei Wochen lang das alleinige Heim darstellen. Eine Größe von 80 x 50 cm ist ausreichend, außerdem sollte die Kiste einen etwa 30 cm hohen Rand haben, damit die Welpen in der ersten Zeit nicht hinausfallen können. Praktisch ist ein Türchen, damit die Welpen später, wenn sie auf Erkundungstour gehen wollen, hinauskönnen. Innen sollten in etwa 6 cm Höhe und einem Abstand von etwa 4 cm zur Wand Rundhölzer angebracht werden, damit die Hündin die Welpen nicht aus Versehen erdrückt. In diesen Zwischenraum können sich die Kleinen flüchten, wenn die Mutterhündin sich zu weit nach außen legt.

Der Boden der Kiste kann mit einer Lage Zeitungspapier und frischen Handtüchern darüber ausgelegt werden.

Vorbereitungen, pflegerische Maßnahmen:

Machen Sie etwa 14 Tage vor der Geburt den Tierarzt auf den Wurftermin aufmerksam, und fragen Sie nach den Möglichkeiten, ihn auch außerhalb der Sprechzeiten (eventuell auch nachts) erreichen zu können. Etwa 4 Wochen vor der Geburt sollte die Hündin entwurmt worden sein. Zwei Tage vor der Geburt sollte die Wurfkiste und deren Umgebung desinfiziert werden. Danach bereiten Sie die Hündin auf die Geburt vor: Wickeln Sie ihr die Haare hoch (→ Seite 73) oder kürzen sie es, damit sich kein Welpe an dem langen Haar stranguliert. Damit die Zitzen frei werden, rasieren Sie der Hündin äußerst vorsichtig den Bauch.

Hilfsmittel: Als letzten Akt der Geburtsvorbereitung stellen Sie folgende Hilfsmittel bereit: Weitere Handtücher, Verbandszeug für den Notfall, einen Bindfaden, eine geeignete Schere zum Abnabeln, Desinfektionsspray, ein Thermometer und eine Waage.

Der Wurf

Die Geburt kündigt sich 24 bis 36 Stunden vorher bereits durch ein Absinken der Körpertemperatur auf 37° C an. Wenn Sie ab dem 57. Tag der Tragzeit der Mutterhündin regelmäßig die Temperatur messen, wissen Sie also am ehesten Bescheid. Direkt vor der Geburt steigt die Temperatur wieder auf die normale Höhe.

Vor dem Einsetzen der ersten Wehen beginnt die Hündin zu hecheln, nimmt fast keine Nahrung zu sich und verhält sich unruhig. Nach diesen Eröffnungswehen kann es noch Stunden bis zur Geburt dauern. Sorgen Sie in der Zwischenzeit dafür, dass der Raum, in dem die Wurfkiste steht, eine Temperatur von etwa 22° C hat. Die Hündin sollte jetzt von einer vertrauten Person beruhigt werden.

Der Geburtsablauf: Nachdem die Wehen in immer kürzer werdenden Abständen eingesetzt haben, tritt Flüssigkeit aus der Scheide aus. Schon bald danach ist die graublaue Fruchtblase mit dem ersten Welpen zu sehen.

Durch kräftige Muskelkontraktion (Presswehen) presst die Hündin sie ans Tageslicht. Die restlichen Welpen folgen meist in viertel- bis halbstündlichen Abständen. Achten Sie darauf, dass mit jedem Welpen die Nachgeburt ausgeschieden wird – ein Verbleib im Mutterleib führt zu Vergiftungen. Im Normalfall reißt die instinktsichere Hündin die Fruchtblase auf, um das Neugeborene eifrig trockenzulecken; sie beißt die Nabelschnur durch und frisst einen Teil der Nachgeburt. Man muss jedoch aufpassen: wenn sie die Nabelschnur zu nahe am Bauch des Neugeborenen durchbeißt, kann dies für ihn lebensgefährlich sein.

Manchmal ist die Hündin jedoch zu erschöpft oder schon mit der Geburt des nächsten Welpen beschäftigt, sodass Sie die wichtigsten Handgriffe selbst übernehmen müssen:

▷ Um die Atemwege des Welpen möglichst schnell freizubekommen, reißen Sie die Fruchtblase in der Nähe des Kopfes auf und reinigen Kopf und Schnauze. Befreien Sie auch die Mundhöhle von Schleim.

▷ Rubbeln Sie den Kleinen dann mit einem Handtuch kräftig trocken. Sie brauchen nicht allzu vorsichtig sein – die Hundemutter macht das auch ziemlich grob, denn der Kreislauf wird durch das Reiben angeregt.

▷ Das erste Schreien ist das Zeichen, dass der Kleine nun genügend Luft bekommt, Sie können ihn dann an die Zitzen setzen, wohin er sonst zielstrebig und ganz alleine krabbelt.

Beim Säugen drücken die Welpen ihre Pfoten gegen den Bauch der Mutter und regen so die Milchbildung an (Milchtritt).

Um einen Welpen beim Trinken zu unterstützen, können Sie ihm eine Zitze in das Schnäuzchen schieben und die Vorderfüßchen an den Bauch der Mutter legen.

▷ Sollte die Hündin auch nicht abnabeln, binden Sie die Nabelschnur (ca. 1 cm über dem Bauch des Welpen) mit einem Faden fest ab und schneiden Sie sie etwa 1 cm oberhalb der Abbindestelle durch. Der verbleibende Teil der Nabelschnur trocknet ein und fällt später ab.

Beim Säugen drücken die Welpen ihre Pfoten gegen den Bauch der Mutter und regen so die Milchbildung an (Milchtritt).

Komplikationen: Bei jeder Geburt können Situationen entstehen, mit denen Anfänger nicht fertig werden. Sei es, dass trotz Wehen kein Welpe kommt, dass die Fruchtblase bereits im Geburtskanal platzt und der Welpe so schnell wie möglich »geholt« werden muss, oder dass er nach der Geburt nicht richtig atmet. Auch die Möglichkeit eines Kaiserschnitts muss in Betracht gezogen werden. Aus diesem Grund wäre es vernünftig, bei Ihrem ersten Wurf die Hilfe eines erfahrenen Züchters in Anspruch zu nehmen. Er weiß am besten, wann unbedingt ein Tierarzt verständigt werden muss.

Hündin und Welpen in den ersten drei Wochen

Eine gesunde Hündin versorgt ihre Welpen die nächsten drei Wochen ganz allein. Sie ernährt und pflegt die Kleinen und hält das Lager rein, indem sie den Kot der Welpen frisst. Die Welpen sind bis zum zehnten Tage blind, auch können sie erst mit zwölf Tagen hören. Ihr Geruchssinn leitet sie aber stets zur Nahrungsquelle. Mit den Vorderpfoten treten sie instinktiv gegen das Gesäuge der Mutter (»Milchtritt«) und regen so die Milchbildung an.

Sie haben – neben aufmerksamem Beobachten – normalerweise nichts anderes zu tun, als die Raumtemperatur auf etwa 20° C zu halten, Zugluft zu vermeiden und ab und zu die Handtücher in der Wurfkiste zu wechseln. Später kann man dann die sog. »Vet-Beds« verwenden.

Zum Temperaturausgleich für die Welpen muss die Wurfkiste innerhalb der ersten 14 Tage immer gleichbleibend temperiert sein. Dies kann man durch eine im Elektrogeschäft erhältliche Infrarotlampe, die man über der Wurfkiste im richtigen Abstand aufhängt, erreichen. Ein kleines Heizkissen kann man jedoch auch verwenden, worauf man ein oder zwei Handtücher und eine wärmeausgleichende Decke legt. Die Temperatur muss regulierbar sein, damit das Heizkissen nicht zu heiß wird. Sie müssen jedoch auch aufpassen, dass die Hündin das Stromkabel nicht anknabbert.

Wenn die Hündin zu wenig Milch hat: Dann ernähren Sie die Welpen mit einer Mischung aus 1/3 Kaffeesahne (10% Fett) und 2/3 (abgekochter) Vollmilch. Ziegenmilch hat sich als ganz besonders wertvoll erwiesen. Es eignet sich aber auch Welpen-Trockenmilch, die Sie sich im Fachhandel, der Apotheke oder beim Tierarzt besorgen können. Als Gefäß benützt man spezielle Fläschchen aus dem Fachgeschäft, von denen man je eines etwa alle zwei Stunden verabreicht. Oder Sie besorgen

sich über einen Verein eine Amme (von einem anderen Züchter) für die Kleinen. Die Ernährung des Muttertiers sollte in dieser Zeit kräftiger werden, da sie durch ihre neue Aufgabe stark beansprucht wird. Als Futterbeigaben eignen sich Quark, Honig, ein Kalziumpräparat und ab und zu ein Eidotter.

Vermeiden Sie Unruhe im Welpenzimmer und vertrösten Sie Ihre Freunde auf später, die den Nachwuchs bewundern wollen. Die Gefahr ist einfach zu groß, dass Fremde ungewollt Bakterien oder Ungeziefer einschleppen.

Komplikationen: In den ersten 14 Tagen kann es zu einer Störung im Mineralstoffhaushalt der Hündin kommen, da ihr durch das Säugen viel Kalzium entzogen wird.

Den Anfall, den sie dann erleidet und der an Unruhe, starkem Zittern und auch Lähmungserscheinungen erkennbar ist, nennt man Eklampsie. Sie müssen bei diesen Anzeichen sofort den Tierarzt verständigen. Nur er kann die Hündin durch ein schnelles Spritzen von Kalzium retten.

Die Entwicklung der Welpen

Haben die Kleinen ihre ersten drei Lebenswochen vorwiegend schlafend und säugend verbracht, unternehmen sie nun ihre ersten tapsigen Geh- und Erkundungsversuche. Sie verlassen immer öfter ihre Kiste, um sich im Welpenzimmer umzusehen.

Im Alter von etwa sechs Wochen sind sie von der Mutter entwöhnt. Jetzt beginnt ihre wichtigste Zeit, die sogenannte Prägungsphase. Sie beginnen, sich selbst, ihre Artgenossen und den Menschen zu entdecken.

Alle Eindrücke und sozialen Kontakte dieser Zeit bestimmen ihr späteres Verhalten. Sehr wichtig in dieser Zeit ist, dass Sie sich mit den Tieren beschäftigen. Je mehr Sie mit ihnen spielen, sie berühren und mit ihnen reden, desto enger kann der Kontakt zum Menschen werden, desto mehr Vertrauen bekommen die Kleinen mit auf ihren Lebensweg und können sich dann besser anpassen.

Für das Alter von der achten bis zur zwölften Lebenswoche haben Verhaltensforscher den Begriff Sozialisierungsphase geprägt. Nun lernen die Welpen, zwischen Spiel und Ernst zu unterscheiden. Sie proben ihr soziales Verhalten in Raufereien mit den Geschwistern und üben verschiedene Ausdrucksweisen – von Drohgebärden bis zu Zärtlichkeitsgesten.

Die Mutterhündin wirkt erzieherisch und verteilt ab und an leichte Knuffe, wenn die Welpen zu übermütig sind. Da in dieser Zeit ihre Lernbegierigkeit am größten ist, sollten Sie nun mit der Erziehung der Welpen beginnen.

Die Ernährung der Welpen

Bis zur vierten Woche etwa werden die Welpen nur durch die Milch der Mutter ernährt. Danach sollten Sie anfangs zwei- bis dreimal täglich zufüttern. Sinnvoll ist die bereits genannte Milch-Mischung zusammen mit Rindfleischgehacktem, dazu Haferflocken und zusätzliche Kalk-Vitamin-Präparate. Zur Abwechslung kann auch Traubenzucker und Honig beigegeben werden. Das im Handel erhältliche Welpen-Fertigfutter ist ebenfalls sehr zu empfehlen. Gute Erfahrung hat man auch mit pürierter Babynahrung aus Rind-, Kalb- und Hühnchenfleisch mit Gemüse gemacht. Ab der sechsten Lebenswoche reicht man ihnen nun etwa vier bis fünf festere Mahlzeiten pro Tag. In industriell gefertigtem Fertigfutter für Welpen sind alle Bestandteile enthalten, die eine gesunde Entwicklung garantieren. Diesem Futter mengen Sie Flocken bei.

Wichtig: Die Fleischbrocken in den Dosen sind meist zu groß für die Welpen – also immer stark zerkleinern. Verwenden Sie dazu einen sogenannten Kartoffelstampfer. Mit diesem wird alles fasrig-klein.

Die Formalitäten

Als Mitglied in einem Verein, der sich dem Tierschutz verpflichtet und seriös arbeitet, sind Sie zu folgenden Maßnahmen verpflichtet:

Zuchtwart verständigen: Ist der Wurf gefallen, muss der Züchter innerhalb von drei Tagen den Zuchtwart seines Vereins darüber informieren. Vernünftig wäre es, vorhandene Wolfskrallen (Afterklauen) entfernen zu lassen. Diese Krallen finden sich an den Hinterläufen mancher Hunde. Sie stammen aus deren Wolfsvergangenheit und haben heute keine Funktion mehr. Leider ist das Entfernen der Wolfskrallen zumindest in Deutschland laut Tierschutzgesetz verboten (fragen Sie Ihren Tierarzt).

Die Wurfabnahme durch den Zuchtwart: Frühestens acht Wochen nach dem Wurftag nimmt der Zuchtwart den Wurf ab. Das heißt, er kontrolliert gleichzeitig den Zwinger und bereitet die Registrierung der Welpen vor:

▹ Tätowierung oder Micro-Chip und

▹ Eintragung in das Yorkshire-Terrier-Zuchtbuch eines FCI/VDH-anerkannten Vereins.

▹ Falls dem Welpen ein Micro-Chip implantiert werden soll – in manchen Ländern ist dies erforderlich – wird diese Kennung ebenfalls durch den Zuchtwart an die jeweilige Zuchtbuchstelle zwecks Eintragung in die Ahnentafel gemeldet.

Bei Abnahme des Wurfes müssen die Welpen bereits geimpft und entwurmt sein – auch diese wichtige Vorsorge wird bei der Wurfabnahme protokolliert.

Bei der Tätowierung oder Chip-Implantation erhalten die Kleinen eine unverwechselbare Nummernkombination – bei einer Tätowierung meistens in die Ohren. Diese Kennzeichnungen sind sehr hilfreich, sollte Ihr Yorkie einmal verloren gehen und auch bei Zuchtschauen ist eine Kontrolle möglich.

Die Arbeitsgemeinschaft Deutscher Tierschutz hat zum Beispiel ein Zentralregister namens »Tasso« (→ Adressen, Seite 80) eingerichtet, wo vermisste Hunde und auch Katzen mit ihrer Tätowier- bzw. Chipnummer erfasst sind. Viele Hundefreunde haben dadurch ihren Liebling wiedergefunden.

Mit dem Yorkie zur Ausstellung

Sinn und Zweck einer Hundeausstellung

Auf Ausstellungen (Zuchtschauen) werden die Hunde nach ihrer äußeren Erscheinung, ihren Bewegungen und ihrer Haltung im Stand von einem Richter beurteilt. Grundlage für seine Entscheidungen ist der Rassestandard. Erklärtes Ziel einer Ausstellung ist, eine Rasse zu verbessern und das vorhandene Zuchtmaterial zu kontrollieren. Obwohl viel vom Begriff »Schönheitskonkurrenz« gesprochen wird, steht an erster Stelle die Gesunderhaltung der Hunderassen. Wenn Sie die Yorkshire-Terrier mit ihrem langen Haarkleid, schaugerecht zurechtgemacht, stehen sehen, kommen Ihnen da vielleicht Bedenken.

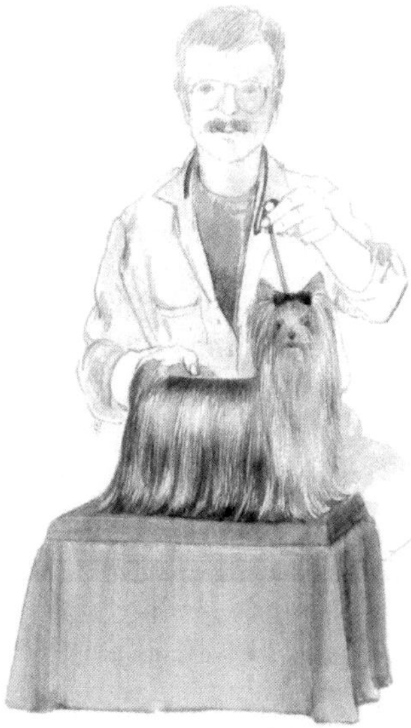

Präsentation auf der Ausstellung: Man braucht viel Geduld, Übung und Ausdauer, bis sich ein Yorkie perfekt dem Richter zeigt. Bei vielen Ausstellungen darf auch ein Yorkie nur am Boden gezeigt werden.

Sehen Sie die Sache doch mal von dieser Seite: Das Schleifchen hat den Sinn, dem Yorkie das Haar aus dem Gesicht zu halten, und das meist rote Samtpodest (das jedoch nicht immer Verwendung finden darf) soll den kleinen Hund besser zur Geltung bringen. Leinenführigkeit und Folgsamkeit, die neben den äußerlichen Faktoren bewertet werden, sollten auch für einen nicht ausgestellten Hund selbstverständlich sein. Ein zusätzlicher, nicht unwichtiger Grund, seinen Yorkshire-Terrier auf einer Ausstellung zu zeigen, ist manchmal auch wirtschaftlicher Natur.

Immer wieder treten Versicherungen an Ausstellungsrichter oder Hundeverbände heran, um den Wert eines Hundes zu erfahren, der zum Beispiel von einem größeren Artgenossen getötet wurde. Ohne Ausstellungsbewertung ersetzen die Versicherungen meist nur einen Teil des Wiederbeschaffungswertes, also nicht einmal den Preis eines neuen Welpen. Welchen ideellen Wert das Tier für seinen Besitzer hatte, wird dabei nicht berücksichtigt.

Ausstellungsarten

Ausstellungen werden weltweit in den unterschiedlichsten Arten veranstaltet. Je nach Größe, Veranstalter und Teilnehmer werden dabei verschiedene Bewertungsnoten, Titel oder Anwartschaften auf Titel vergeben.

Zu den wichtigsten in Europa gehören:

▹ Die »Spezialzuchtschau«, bei der nur eine Rasse oder mehrere von einem Club betreute Rassen beurteilt werden. Die Richter müssen besonders gute Kenner dieser Rassen sein. Deshalb werden sie auch aufgrund ihrer Ausbildung Spezialrichter genannt. Hier werden verschiedene Anwartschaften vergeben:

Die als CAC (Certificat d'Aptitude au Championat) bezeichnete Anwartschaft auf das nationale Schönheits-Championat (zum Beispiel Deutscher, Österreichischer und Schweizer Champion), das Jugendchampionat oder die Anwartschaft auf den Titel Deutscher Champion/VDH und andere mehr. Einen besonders hohen Stellenwert hat auch der Titel eines »Clubsiegers« oder »Clubjugendsiegers«. Die Anwartschaften für das nationale Championat (CAC) werden aber nur innerhalb der jeweiligen Länder/Staaten vergeben. Die Bedingungen differieren von Land zu Land, meistens jedoch sind vier Anwartschaften unter drei verschiedenen Richtern (mit einem Abstand von mindestens einem Jahr zwischen der ersten und der zuletzt errungenen Anwartschaft) Vorschrift.

▹ Die »Allgemeine Zuchtschau«, an der Hunde aller Rassen teilnehmen können – mit ausschließlich nationalen Anwartschaften.

▹ Die »Internationale Zuchtschau«, an der Hunde aller Rassen teilnehmen können. Bei dieser Veranstaltung kann das CACIB (Certificat d'Aptitude au Championat International de Beaute), eine für den Erwerb des begehrten Internationalen Schönheits-Championats notwendige Anwartschaft, erworben werden. Vier dieser Anwartschaften müssen unter mindestens drei verschiedenen Richtern und in drei Ländern (eines oder zwei evtl. im Heimatland) erworben werden. Zwischen der ersten und zuletzt erworbenen soll ein zeitlicher Abstand von mindestens einem Jahr und einem Tag bestehen. Dann wird der Titel »Internationaler Champion« von der FCI vergeben.

Die Klasseneinteilung und Bewertung auf Zuchtschauen

Die Klasseneinteilung auf Zuchtschauen richtet sich nach dem Alter und bereits erworbenen Titeln der Hunde:

▹ In der Jüngstenklasse können Hunde vom vollendeten 6. bis 9. Lebensmonat ausgestellt werden. Die Bewertungen dieser Klassen gelten nicht als Zuchtzulassung.

▹ Die Bewertungen aus der Jugendklasse (9 bis 18 Monate), der Offenen- und Sieger-Klasse (ab dem 15. Lebensmonat) sowie Zwischenklasse (15. bis 24. Monat) können zur Zuchtzulassung verwendet werden. Aus diesen Klassen werden auch die Anwartschaften Jugend-CAC, CAC und CACIB ermittelt.

▹ In der Siegerklasse wie in der Ehrenklasse können nur Hunde mit einem anerkannten Siegertitel ausgestellt werden.

▹ Zusätzlich gibt es noch die Veteranenklasse für alle Yorkies, die das 8. Lebensjahr überschritten haben, Zuchtgruppenwettbewerbe und Klassen außer Konkurrenz.

▹ Die Zulassung zu den einzelnen Klassen ist von Verein zu Verein etwas unterschiedlich (auch die Anwartschafts-Vergabebedingungen) und werden von Zeit zu Zeit geändert.

Die Formwertnoten: Jeder ausgestellte Hund erhält eine Bewertung (Formwertnote) und Beschreibung (Richterbericht):

▹ »Vorzüglich« darf nur einem Hund zuerkannt werden, der dem Ideal des Standards sehr nahe kommt, ein ausgeglichenes Wesen ausstrahlt und eine hervorragende Haltung hat.

▹ »Sehr gut« wird nur einem Hund mit gleichen Vorzügen zuerkannt. Man wird ihm aber einige verzeihliche Fehler nachsehen.

▹ »Gut« wird einem Hund zuerteilt, welcher die Hauptmerkmale der Rasse besitzt, aber Fehler aufweist.

▹ »Genügend« erhält ein Hund, der seinem Rassetyp nur unzureichend entspricht beziehungsweise dessen körperliche Verfassung zu wünschen übrig lässt.

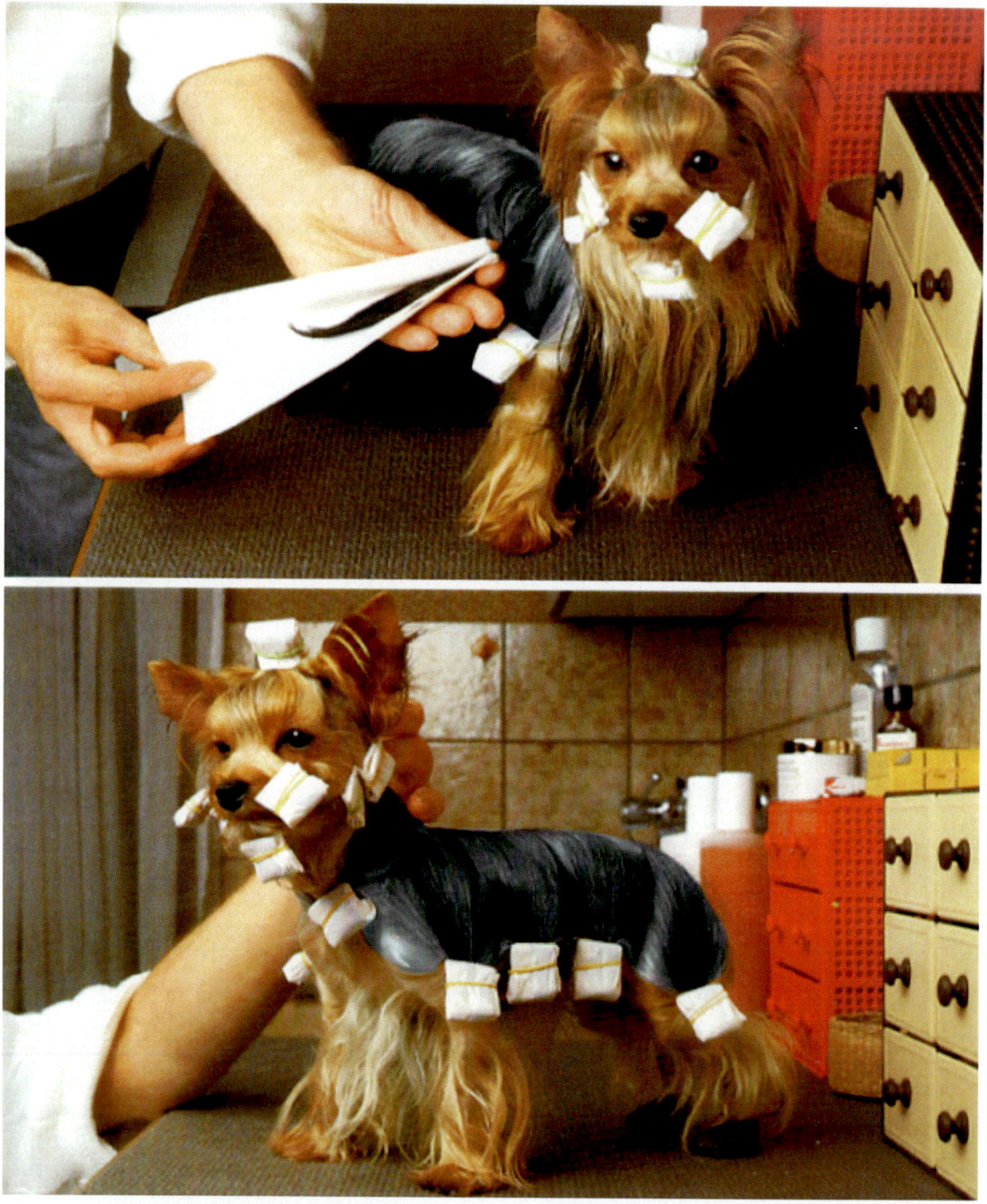

<u>Haarpflege für die Ausstellung:</u> Strähne für Strähne wird das Haar in Wickelpapier eingelegt (oben) und aufgedreht, bis alle Wickel gleichmäßig über den Körper verteilt sind (unten). Die Spezial-Gummiringe und das säurefreie (!) Wickelpapier erhält man im speziellen Versandhandel (→ siehe Seite79).

Titelvergabe

An die besten vom Richter ausgewählten Hunde können Titel vergeben werden, die von Ausstellung zu Ausstellung nach unterschiedlichen Kriterien vergeben werden:

▷ BJH (»Bester Junghund« für einen Hund aus der Jugendklasse)

▷ BOB (»Best of Breed« = Bester der Rasse)

▷ BOS (»Best opposite Sex« = Bester des dem BOB entgegenstehenden Geschlechts)

▷ Spezielle Titel, die vom Veranstalter einer Ausstellung vergeben werden können (z. B. Sieger Baden-Württemberg usw.)

Voraussetzungen für die Ausstellung

Wenn Sie Ihren Yorkie das erste Mal auf einer Ausstellung präsentieren wollen, gehen Sie am besten zu einer »Spezialzuchtschau«. In diesem kleineren, übersichtlicheren Rahmen finden Sie sich als Anfänger leichter zurecht. Hier ist die Atmosphäre in der Regel familiärer als bei den großen Schauen. Auch Gespräche mit anderen Ausstellern kommen dort leichter zustande.

Gehen Sie zuerst als Zuschauer zu einer Ausstellung, sehen sich die schönen Tiere an und machen sich mit der Materie vertraut. (Übrigens kann man auch Ausstellungen besuchen, ohne Hundebesitzer zu sein.) Die Aussteller werden Ihre Fragen gerne beantworten – sofern sie nicht gerade ihren Hund vorbereiten müssen. Ausstellungsorte und -termine erfahren Sie über den Verein.

<u>Für die Teilnahme ist erforderlich:</u>

▷ Die rechtzeitige Anmeldung – Formulare erhalten Sie über den Verein. Auf dem Meldepapier müssen alle wichtigen Daten des Hundes sowie die Anschriften von Züchter und Besitzer eingetragen werden. Auch die Klasse, in der der Hund gemeldet werden soll, muss angegeben werden (→ Seite 71).

▷ Bezahlen einer Meldegebühr, deren Höhe je nach Veranstaltung und Klasse differiert.

▷ Ahnentafel und Internationaler Impfpass.

Die Pflege des Ausstellungshundes

Etwas mehr Aufwand müssen Sie schon betreiben, wenn Sie Ihren Yorkie auf einer Ausstellung präsentieren wollen. Ein ungepflegter Hund gilt als Beleidigung für den Richter, der das Tier beurteilen muss.

<u>Pflege für das Yorkie-Ohr:</u> Der Hund wirkt gepflegter, wenn man mit einer Spezial-Schermaschine das obere Drittel der Ohren von den Haaren befreit. Wenn man das typische Erscheinungsbild eines Yorkshire-Terriers haben möchte, dann ist diese Pflegemaßnahme für jeden Yorkie-Besitzer ein absolutes »Muss« – nicht nur für die Ausstellung.

Das Wickeln

Besonders viel Wert wird bei Yorkshire-Terriern, neben einer gesunden Anatomie, auf das Haarkleid gelegt, weshalb Sie diesem eine besondere Pflege gönnen sollten. Um das Haar zu schützen, wird es regelmäßig geölt und in Strähnen auf Papier gewickelt. Das Haar kann besser wachsen und stößt nicht ab. So kann man zum Beispiel verhindern, dass Barthaare beim Fressen angeknabbert werden. Da die

Qualität der Haarstruktur und des Haarwuchses vererbt werden kann, gilt es zu beweisen, dass der Hund einen gesunden Haarwuchs hat – im Gegensatz zu Haar, das nur bis zu einer bestimmten Länge wachsen kann und dann bricht. Bei einem ungewickelten Hund stößt sich das Haar von selbst ab – eine Kontrolle ist also kaum möglich.

Praktisch ist das Wickeln auch beim Rüden, so werden die Haare an den Seiten durch das Beinheben nicht zu sehr verschmutzt.

Bitte verwechseln Sie dies nicht mit »Locken wickeln«, gewickelt wird ausschließlich zum Schutz des Haares. Locken darf ein Ausstellungshund nicht haben, das Haar muss nach dem Föhnen wieder vollkommen glatt sein. Falls Sie von vorneherein Ausstellungsambitionen haben, sollten Sie den Hund schon im Alter von neun bis zwölf Monaten an diese Prozedur gewöhnen. Für den Laien mag ein gewickelter Yorkie zwar ungewöhnlich aussehen, aber wir können Ihnen versichern: Die »gewickelten« Hunde fühlen sich genau so wohl wie die »ungewickelten«.

<u>Für das Wickeln brauchen Sie zusätzliche Pflegemittel</u> (→ Versandhandel, Seite 79):

▷ Wickelöl, zum Beispiel auf Nerzölbasis (wird speziell für die Haarpflege des Yorkshire-Terriers angefertigt). Als Behältnis eignet sich ein Sprühflacon mit feinem Zerstäuber.

▷ Säurefreies Wickelpapier im Format 19 x 25 cm. (Normales Seidenpapier schädigt das Haar.)

▷ Ein spezielles Shampoo.

▷ Eine Spülung, die das Haar und die Haut in Maßen nachfettet, antistatisch wirken und das Haar glänzen lassen soll.

▷ Gummiringe in speziellen Größen.

▷ Es sind auch noch andere Hilfs- und Pflegemittel – je nach Bedarf – erhältlich.

<u>Und so wird's gemacht:</u> Nachdem Sie das Haar von Filzknötchen befreit und durchgekämmt haben, wird es mit Wickelöl besprüht.

▷ Legen Sie nun das Wickelpapier auf halbe Länge zusammen;

▷ danach legen Sie eine Strähne hinein (→ Foto, Seite 72) und falten das Papier der Länge nach um die Strähne. Halten Sie die Strähne am Haaransatz zusammen mit dem Papier gut fest, dann ziept es nicht.

▷ Falten Sie nun beides je nach Länge des Haares mehrmals nach oben, indem Sie das Papier immer wieder halbieren.

▷ Zum Schluss binden Sie den Wickel mit einem Gummiring zusammen (nicht zu stramm). Wie Sie das Haar einteilen, sehen Sie auf dem Foto, Seite 72. Das gesamte Körper- und Kopfhaar sollte zu beiden Seiten des Scheitels gleich »verpackt« sein. Sie müssen die Wickel täglich überprüfen und, falls sie angeknabbert, lose oder sehr verschmutzt sind, auswechseln. Meist werden alle Wickel ein- bis dreimal pro Woche rundum erneuert.

<u>Das Auswickeln:</u> Am Morgen vor der Ausstellung wird der Hund von den Wickeln befreit, gebadet und trockengeföhnt (→ Seite 43). Damit die Haare nicht splissig werden, schneidet man am Besten die Spitzen von Zeit zu Zeit nach. Um eine gleichmäßige Länge zu erreichen, stellt man den Yorkie auf einen Hocker und schneidet das Haar entlang der Tischkante ab. Den Hund aber gut festhalten, damit er nicht herunterfällt.

Die Ohrenpflege

Das Haar am oberen Drittel des Ohres muss abrasiert werden (→ Zeichnung, Seite 73). Man nimmt dazu eine kleine spezielle Ohren- und Pfoten-Schermaschine, mit der man vorsichtig an den Außenseiten und -Kanten des Ohres entlangfährt. Die Außenkanten schneidet man mit einer kleinen Schere vorher bereits etwas ab – jedoch bitte Vorsicht! Gewöhnen Sie den Hund langsam an den Spezial-Haartrimmer, es kann sein, dass ihn das Surren anfangs stört und unruhig ist.

Weitere Vorbereitungen

Um Ihren Yorkie auf der Ausstellung zu präsentieren, brauchen Sie eine Transportbox, die Sie mit einem Samtüberwurf zur Ausstellungsbox verkleiden können. Darauf soll sich Ihr Hund aufrecht und mit geradem Rücken präsentieren (→ Zeichnung, Seite 70).

Bei vielen Ausstellungen ist das Präsentieren auf einer Box nicht erlaubt, aber auch auf dem Boden wird ein ebenso gutes »Handling« erwartet. Ferner sollte Ihr Yorkie flüssig an der Leine gehen können und sich von einem Richter anfassen lassen, damit er unter anderem auch das Gebiss kontrollieren kann. Üben Sie diese Dinge schon vom Junghundalter (möglichst ab dem 5. bis 6. Lebensmonat) an, wenn Sie öfter ausstellen wollen.

Machen Sie aus dem Training ein Spiel – Ihr Yorkie wird begeistert darauf eingehen. Es kann viel Arbeit sein, einen Hund ausstellungsgerecht vorzubereiten. Bitte seien Sie nicht enttäuscht, wenn die Wertnote, die Ihr Hund erhält, Ihrem Aufwand nicht angemessen erscheint – bedenken Sie, dass das Ausstellen ein Hobby ist und Freude bereiten soll. Übertriebener Ehrgeiz und Verbissenheit überträgt sich auch auf das Verhalten und die Ausstrahlung Ihres Hundes.

So werden Yorkshire-Terrier auf einer Ausstellung dem Richter und auch dem Publikum präsentiert. Hier z. B. die Gewinner einer Schau (v.l.n.r.): Bester Junghund & BOS, CAC Siegerklasse, 1. Platz Ehrenklasse, CAC Zwischenklasse, CAC Offene Klasse und 1. Platz Veteranenklasse (die Bedeutung dieser Titel siehe Seite 71). Wer bereits einige dieser begehrten Titel erworben hat, muss jedoch auch damit rechnen, dass dies nicht immer so bleibt – es hängt auch viel von der Tagesform und vielen anderen Kriterien ab. Aber keine Angst – alle diese Aussteller waren anfangs auch nicht »perfekt« – alles kann man jedoch lernen.

Sachregister

Alles für Ihren Yorkie in

Yorkie's Online-Shop

In unserem Online-Shop finden Sie aus mehr als 500 Produkten alles, was sie für Ihren Liebling benötigen und noch viel mehr.

Toy'sDog

THE BEST FOR YOUR YORKIE

Unser Toy'sDog-Pflegeprogramm ist speziell auf die Bedürfnisse des Yorkshire-Terriers abgestimmt – ob Shampoo, Spülung, Spray und das umfangreiche Pflegezubehör.

Unsere Fachabteilungen:

Yorkie's Erstausstattung	Alles, was Sie am Anfang benötigen.
Perfekte Haarpflege	Spezial-Shampoos, -Spülungen und -Sprays – alles, was gut für das Yorkiehaar ist... – vieles davon erhalten Sie nur bei uns.
Ideales Pflegezubehör	Scheren, Bürsten, Kämme, Ohren-, Pfoten- und Haartrimmer...
Auge, Zahn, Ohr & Pfote	Für den Alltag und umfassende Pflege...
Halsbänder und Leinen	Spezielle Leinen, Halsbänder und Geschirre aus Perlon oder feinem Leder...
Schleifen & Spangen	Eine Riesenauswahl an Plastikspangen und zauberhaften Stoffschleifen...
Für daheim & unterwegs	Kuschelbetten, Höhlen, Yorkie-Taschen, Rücksäcke, Näpfchen...
Yorkie's Klamotten-Shop	Ob's regnet oder schneit – praktische und schöne Yorkie-Kleidung...
Leckerlis und Futter	Viele leckere Dinge und spezielles Yorkie-Futter...
Apotheke & Drogerie	Viel Nützliches für den Alltag, das Ihrem Yorkie hilft – und auch Ihnen...
Spiel, Spaß & Bücher	An unserer großen Spielsachen-Auswahl hat Ihr Yorkie viel Spaß – unsere Buchauswahl bietet viel Information und Unterhaltung für Sie...
Geschenke & mehr	Sie können sich selbst eine große Freude bereiten: Viele schöne Dinge sowie Porzellan, edler Schmuck und Uhren mit Yorkie-Motiven...
Züchten & Ausstellen	Hier finden Sie alles für die Zucht und viel Spezielles für die Ausstellung...

Und immer wieder gibt's Neues!

Besuchen Sie uns im Internet: www.yorkie-onlineshop.de

Yorkshire-Terrier-Journal Versand-Service · YORKIE'S ONLINE-SHOP
Brigachstraße 13 · D-78048 VS-Villingen
T 07721/506434 · F 07721/506500 · eMail: info@yorkie-onlineshop.de

Adressen, die weiterhelfen

Verbände und Klubs

Fédération Cynologique Internationale (FCI), 14, rue Leopold II, B-6530 Thuin/Belgien

Deutschland

Verband für das Deutsche Hundewesen eV (VDH), Postfach 104154, D-44041 Dortmund
info@vdh.de

1. Deutscher Yorkshire-Terrier-Club eV (1.DYC), Am Wiesenbusch 24, D-45966 Gladbeck
info@yorkshire-terrier-club.de

Klub für Terrier eV (KfT), Hauptgeschäftsstelle, Postfach 1328, D-65442 Kelsterbach/M.
info@kft-online.de

Club für Yorkshire-Terrier eV (CYT). Am Karpfenteich 11, D-31535 Neustadt

Österreich

Österreichischer Kynologenverband (OEKV), Siegfried-Marcus-Str. 7, A-2362 Biedermannsdorf

Österreichischer Yorkshire-Terrier-Klub, Geschäftsstelle, Maderspergerstraße 20, A-2230 Gänserndorf

Schweiz

Schweizerische Kynologische Gesellschaft (SKG/SCS), Länggassstrasse 8, CH-3012 Bern

Schweizerisches Stammbuchsekretariat (SHSB). Wildparkstr. 253, CH-4656 Wil-Starrkirch

Die Klubadressen könnten sich ändern. Sollte eine der angegebenen Adressen nicht mehr zutreffen, können Sie die neue Anschrift beim Verband für das Deutsche Hundewesen (VDH) erfragen (Anschrift siehe oben).

Krankenversicherung für den Hund

Uelzener Allgemeine Versicherungsgesellschaft, Veerssener Straße 67, D-29525 Uelzen

Registrierung von Hunden

Haustier-Zentralregister
TASSO eV, Frankfurter Str. 20, D-65795 Hattersheim
tasso@tiernotruf.org

Bücher, die weiterhelfen

Petra Stein:
Naturheilpraxis Hunde
Gräfe und Unzer, München

Katharina Schlegel-Kofler:
Mein Hund macht was er will
Gräfe und Unzer, München

Dr. Dieter Fleig:
Die Technik der Hundezucht
Kynos-Verlag, Mürlenbach/Eifel

Aktuelle Informationen

Krankheiten, über die es noch wenig Informationen gibt
und
Rechtslage beim Hundekauf:
www.yorkshire-terrier-journal.de unter »Yorkie-Info«.

Zeitschriften

Yorkshire-Terrier-Journal
Herausgeber und Verlag:
Armin Kriechbaumer, Brigachstr. 13, D-78048 VS-Villingen
www.yorkshire-terrier-journal.de

Unser Rassehund
Herausgeber:
Verband für das Deutsche Hundewesen eV (VDH), Dortmund

Wichtige Hinweise

In diesem Yorkie-Ratgeber geht es um die Anschaffung, Erziehung und Haltung eines Yorkshire-Terriers. Autor und Verlag halten es für wichtig, darauf hinzuweisen, dass sich die Haltungsregeln des Buches in erster Linie auf normalentwickelte Jungtiere aus guter Zucht beziehen, also auf gesunde, charakterlich einwandfreie Tiere. Bei Yorkies, die vom Standard (→ Seite 8) erheblich abweichen, handelt es sich oftmals nicht um den typischen Yorkshire-Terrier.
Wer einen erwachsenen Hund zu sich nimmt, muss sich bewusst sein, dass dieser bereits wesentliche Prägungen durch den Menschen erfahren hat. Er sollte den Hund besonders genau beobachten, auch in seinem Verhalten zum Menschen: er sollte sich auch den bisherigen Besitzer ansehen. Ist der Hund aus einem Tierheim, so kann dieses über die Herkunft des Hundes und seine Eigenheiten eventuell Auskunft geben. Es gibt Hunde, die aufgrund schlechter Erfahrungen mit Menschen in ihrem Verhalten auffällig sind, vielleicht auch zum Beißen neigen: Diese sollten nur von erfahrenen Hundehaltern aufgenommen werden. Auch bei guterzogenen und sorgfältig beaufsichtigten Hunden besteht die Möglichkeit, dass sie Schäden an fremdem Eigentum anrichten oder gar Unfälle verursachen. Ein ausreichender Versicherungsschutz liegt im Eigeninteresse; der Abschluss einer Hunde-Haftpflichtversicherung ist in jedem Fall dringend zu empfehlen.
Einige Krankheiten und Parasiten sind auf den Menschen übertragbar (→ Seite 51 bis 59). Zeigen sich bei ihrem Hund Krankheitszeichen (→ Seite 51), sollten Sie unbedingt einen Tierarzt zu Rate ziehen, und gehen Sie im Zweifelsfall selbst zum Arzt.